2023—2024 年中国工业和信息化发展系列蓝皮书

2023—2024 年
中国先进制造业发展蓝皮书

中国电子信息产业发展研究院　编　著

乔　标　**主　编**

付长文　**副主编**

电子工业出版社

Publishing House of Electronics Industry

北京·BEIJING

内 容 简 介

本书共有七篇三十五章，主要展现了编写组对先进制造业发展现状及重点行业的洞察，对重点区域的分析，以及对发展趋势的展望。

综合篇：深入分析了全球先进制造业发展现状及发展特点；行业篇：选取一些代表性领域进行分析，指出了行业发展存在的问题，提出了措施建议；区域篇：对中国先进制造业城市发展现状进行了总体概述；园区篇：总结了中国先进制造业园区发展现状；企业篇：介绍了部分代表企业的发展概况及发展战略；政策篇：分析了中国先进制造业发展的政策环境与主要政策；展望篇：对中国先进制造业发展形势进行了总体展望，并分析了先进制造业各重点领域未来发展趋势。

本书可供政府部门、相关企业从事相关政策制定、管理决策和咨询研究的人员参考，也可供对先进制造业感兴趣的读者学习阅读。

图书在版编目（CIP）数据

2023—2024 年中国先进制造业发展蓝皮书 / 中国电子信息产业发展研究院编著；乔标主编. -- 北京：电子工业出版社，2024. 12. --（2023—2024 年中国工业和信息化发展系列蓝皮书）. -- ISBN 978-7-121-49393-5

Ⅰ. F426.4

中国国家版本馆 CIP 数据核字第 2024B66T35 号

责任编辑：杜　强
印　　刷：中煤（北京）印务有限公司
装　　订：中煤（北京）印务有限公司
出版发行：电子工业出版社
　　　　　北京市海淀区万寿路 173 信箱　　邮编：100036
开　　本：720×1 000　1/16　印张：15　字数：336 千字　彩插：1
版　　次：2024 年 12 月第 1 版
印　　次：2024 年 12 月第 1 次印刷
定　　价：218.00 元

前　言

先进制造业肩负着构建我国制造业发展新格局的重任,既是我国从制造业大国迈向制造业强国的重要抓手,又是我国经济"加速跑"的动力引擎。2023 年 9 月 22 日至 23 日,全国新型工业化推进大会在北京召开,会议强调,要着力提升产业链供应链韧性和安全水平,加快提升产业创新能力,持续推动产业结构优化升级,大力推动数字技术与实体经济深度融合,全面推动工业绿色发展。先进制造业是实体经济的根基,是推动产业结构优化的重要抓手,是国家经济实力与科技创新能力的重要体现。加快发展先进制造业,打造以先进制造业为骨干的现代化产业体系,是我国制造业迈向全球产业链价值链中高端的必经之路,亦是我国推进新型工业化的重要路径。

当前,新一轮科技革命和产业变革蓬勃发展,大国竞争和博弈日益加剧。从国际形势来看,世界经济复苏乏力,地缘政治冲突加剧,保护主义、单边主义上升,外部环境对我国制造业发展的不利影响持续加大。2023 年,放眼全球,科技和产业竞争更趋激烈,大国战略博弈进一步聚焦先进制造业。美国在推进先进制造业发展方面采取了多项具体举措,持续增加对先进制造业的研发投资,并积极创建先进制造业生态系统,以提高供应链的韧性和完整性。英国商务贸易部首次发布《先进制造业计划》,旨在通过提高投资、促进国际合作及清除企业发展障碍等措施支持先进制造业发展,以确保英国在能源转型和数字化技术开发和部署方面继续保持领先地位。日本政府发布了《制造业白皮书》，表示日本政府将大力推动制造业与基础产业振兴和前沿技术研发，强调在有效利用既有优势的同时，优化供应链，增强竞争力。

近年来，我国持续推动制造业高质量发展，大力发展先进制造业，在政策支持、行业发展、数字化水平提升等方面取得了一定的发展成就。在政策支持方面，国家出台了一系列相关政策促进先进制造业的融合发展，加强先进制造业投资的政策导向作用。北京、上海、广东、浙江、湖南、山东等省市先后发布相关规划，努力实现制造业高质量发展。在行业发展方面，2023年，C919大型客机完成首次商业载客飞行，国产大型邮轮制造实现"零的突破"，全球首颗忆阻器存算一体芯片成功研制，新能源汽车产销量均突破900万辆，连续9年位居全球第一。在数字化水平提升方面，全国已建成近万家数字化车间和智能工厂，5G、大数据、云计算、人工智能等新信息技术正在快速发展和广泛应用。新信息技术已经成为重塑全球产业链、价值链和供应链的重要力量，智能制造、绿色制造、服务型制造等正在成为新型制造方式。

在先进制造业发展进程中，我国产业结构不断优化，产业链供应链的弹性和安全性逐步增强，数字经济与实体经济、现代服务业与先进制造业加速融合，逐步形成了产业结构更加优化、创新驱动更为显著、数智化水平更高、绿色发展更加深入的新发展格局，为我国推进新型工业化奠定了坚实的基础。截至2023年年底，我国已有45个先进制造业集群，覆盖新信息技术、高端装备、消费品、新能源及智能网联汽车等多个制造强国建设领域。先进制造业集群是带动重点领域创新发展的关键力量，推动我国制造业不断向更高端、更智能、更绿色的方向发展。

2024年是新中国成立75周年，是实现"十四五"规划目标任务的关键一年。我国正走在以中国式现代化全面推进强国建设的道路上，虽然外部环境的复杂性、严峻性、不确定性上升，但我国经济回升向好、长期向好的基本趋势没有改变，发展面临的有利条件强于不利因素，充满希望、大有可为。《2024年国务院政府工作报告》提出，要大力推进现代化产业体系建设，加快发展新质生产力。发展新质生产力要靠先进制造业，要积极部署战略性新兴产业和未来产业，大力推动传统制造业的升级改造，从而实现质的飞跃。那么，如何通过发展先进制造业推动新质生产力的发展？如何巩固战略性新兴产业、提前布局未来产业、改造提升传统产业？如何推动产业链供应链的优化升级？如何有效增强集群、城市、园区先进制造业发展的竞争优势？基于对上述问题的思考，中国电子信息产业发展研究院编著了《2023—2024 年中国先进制造业发展蓝皮书》。

本书共有七篇三十五章，七篇分别为综合篇、行业篇、区域篇、园区篇、企业篇、政策篇、展望篇，全面分析了国际、国内的先进制造业发展现状和特点，城市、园区的发展特点与举措，行业、企业的瓶颈问题和重点战略，展望了先进制造业的发展趋势，并提出了相应的建议和对策。

综合篇：深入分析了全球先进制造业发展现状及发展特点，探讨了美国、德国、日本等主要国家先进制造业的发展现状和政策导向。详细介绍了中国先进制造业的发展现状、发展特点和发展建议。

行业篇：针对智能制造装备、新能源汽车、动力电池、清洁能源装备、机器人、电子信息制造业、医药健康、新材料八大领域，从全球发展综述、中国发展概况、产业链各环节进行了深入分析，并指出了行业发展存在的问题，提出了措施建议。

区域篇：首先，对中国先进制造业城市发展现状进行了总体概况，提出了中国先进制造业城市发展曲线，并给出了相应的发展建议。其次，针对成都市、佛山市、济南市、厦门市、东莞市、株洲市、宜春市、宝鸡市、孝感市的先进制造业发展现状进行了综述，分别阐述了各地区的发展概况与主要特点，并总结了各地区为推动先进制造业发展而采取的举措。

园区篇：首先，总结了中国先进制造业园区发展现状，提出了中国先进制造业园区发展模型，并给出了针对性的发展建议。其次，以张江高新技术产业开发区、昆山经济技术开发区、长沙经济技术开发区、南通经济技术开发区和衡阳高新技术产业开发区为研究对象，系统解析了各先进制造业园区的园区概况、发展特点及重点举措。

企业篇：以北京京东世纪贸易有限公司、华为技术有限公司、山东新华制药股份有限公司、中复神鹰碳纤维股份有限公司、南京埃斯顿自动化股份有限公司为研究对象，系统剖析了各企业的发展概况、重点战略和重点产品。

政策篇：分析了中国先进制造业发展的政策环境与重点政策。

展望篇：对中国先进制造业发展形势进行了总体展望，并分析了先进制造业各重点行业的未来发展趋势。

中国电子信息产业发展研究院

目 录

区　域　篇

园 区 篇

企　业　篇

政 策 篇

展 望 篇

综 合 篇

第一章

2023 年全球先进制造业发展状况

第一节　发展现状

一、全球制造业增加值保持稳定增长态势

2023 年，全球先进制造业继续蓬勃发展，展现出广阔的前景。各国政府普遍认识到先进制造业在促进经济增长、创造就业机会以及推动技术创新方面的重要作用，纷纷制定并实施相关政策，以支持本国制造业的升级与转型。在这一背景下，赛迪顾问以全球制造业增加值作为衡量全球先进制造业发展水平的重要指标。2023 年，尽管面临外部环境的诸多挑战，全球制造业增加值仍然保持稳定增长，达到 16.5 万亿美元，体现了全球制造业的韧性和潜力（见图 1-1）。

图 1-1　2021—2023 年全球制造业增加值与其增长率

（数据来源：世界银行，赛迪顾问整理，2024 年 5 月）

二、中国在全球制造业规模体量方面占据绝对优势

从地域分布来看，全球有影响力的制造业国家主要集中在三大地区：以中国、日本为核心的亚洲地区，以美国为核心的北美地区，以及以德国为核心的欧洲地区。这些地区在技术创新、产业链完善以及人才培养等方面均展现出显著的优势，成为全球制造业的重要引擎。2023 年，中国制造业增加值达到 4.8 万亿美元，占全球比例接近三成，继续稳居全球第一的地位。这一成就的取得，不仅得益于中国制造业规模的庞大，更在于产业结构的持续优化和转型升级。与此同时，美国在通货膨胀持续升温的影响下，制造业增加值达到了 2.8 万亿美元，占全球比例 17.0%，依然保持着较强的竞争力和创新能力（见图 1-2）。

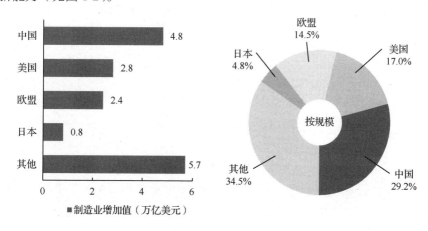

图 1-2　2023 年全球制造业增加值区域结构

（数据来源：世界银行，赛迪顾问整理，2024 年 5 月）

第二节　发展特点

一、国际合作与人才培养是重点投入领域

国际合作与人才培养在各国发展先进制造业的战略中占据了举足轻重的地位。面对全球化时代的种种挑战，各国深知单打独斗难以应对，因此纷纷寻求国际合作，共同构建更具韧性和可持续性的全球供应链。这种合作不仅有助于资源共享、优势互补，更能提升整个供应链对外部冲击的抵御能力。在人才培养方面，各国也达成了高度共识。各国通过教育改革、职业培训等多种途径，努力培养一批既具备扎实理论基础，又拥有丰富实践经验的高素

质人才。这些人才将成为推动先进制造业持续创新、提升竞争力的核心力量，为先进制造业的未来发展提供坚实的保障。

二、全球制造业碎片化发展趋势凸显

在全球经济下行压力不断加大，全球经济复苏动能持续衰减的背景下，市场整体需求逐步转弱。以美国、日本、欧盟等为代表的发达经济体愈发意识到供应链安全的重要性，纷纷鼓励产业链供应链从全球布局向本土回流、从全球布局向区域布局转移、从集中布局向低风险地区分散转移，产业链供应链分工格局、运行逻辑和竞争范式正在发生深刻变革。以扩大内需和发展内循环为主的产业政策在许多国家受到了重点关注，过去几十年形成的国际分工体系正受到威胁，既带来了新的挑战，也蕴含了新的市场机遇。同时，随着产业价值链的不断调整，全球经济发展在地域上的不均衡现象进一步加剧。

第三节 主要国家

一、美国

美国在全球制造业中一直占据着举足轻重的地位。近年来，为了进一步巩固和提升其在先进制造业领域的领先地位，美国相继发布了多个战略规划，明确将人工智能、生物制造及航空航天等产业作为发展重点。为了保持领先优势，美国采取了多种措施：第一，通过加大投资力度，推动技术创新和研发工作，确保美国在关键技术和核心领域的领先地位；第二，注重提高生产效率，优化生产流程，降低生产成本，从而提升美国制造业的全球竞争力；第三，通过加强对制造业人才的培养和引进，为制造业的持续发展提供强有力的人才保障；第四，通过加强国际合作，与同盟国共同构建更加有韧性的全球供应链。美国不仅能够很好地应对全球性挑战，还能够进一步拓展其制造业的国际市场份额。

二、德国

德国是全球制造业的佼佼者，一直以来都以其卓越的技术和品质而享誉世界。德国在机械制造、汽车制造、工业自动化等领域有着世界领先的技术和品质，通过不断创新和升级，保持着强大的竞争力。2023 年，德国继续推进"工业 4.0"战略，不断加大在数字化和智能化领域的投资，使其制造业生产效率与生产成本在全球市场上的竞争力进一步增强。同时，德国政府还致力于优化政策环境，为制造业的创新和发展提供有力的政策支持，通过简化审批流程、提供税收优惠等措施，为制造业企业创造了更加宽松和有利的发展环境。此外，德国还通过教育改革和职业培训等途径，培养了一批既具备创新精神又拥有实践经验的高素质制造业人才，这些人才将为德国制造业的持续发展提供源源不断的动力和支持。

三、日本

日本是全球制造业的重要国家之一，其制造业以高精度、高质量、高效率而著称，在半导体制造设备、工业机器人、精密机械等领域具备全球领先地位。日本政府一直致力于推动先进制造业的发展，通过技术创新、产业升级等方式，提高制造业的竞争力。2023 年，日本在制造业的发展上再次迈出了坚实的步伐，特别是在半导体和机器人这两大关键领域加大了投资力度，同时，通过加强国际合作，日本在汽车、电子产品等领域也更好地融入全球市场，扩大了其国际影响力。

第二章

2023 年中国先进制造业发展状况

第一节　发展现状

一、规模实力同步增强，增长态势保持稳健

　　制造业是国家经济命脉所系，也是中国经济发展的根基。近年来，随着科技的不断进步和市场需求的日益多样化，中国制造业产业结构持续优化，不断向高端化、智能化、绿色化转型升级。2023 年，面对复杂多变的国内外环境，中国制造业依然保持了稳健的发展态势，这一年，中国制造业增加值达到 33.8 万亿元，同比增长 0.9%，继续保持世界第一制造大国地位。这一成就的取得，不仅彰显了中国制造业的雄厚实力，也为中国经济的持续健康发展奠定了坚实的基础（见图 2-1）。

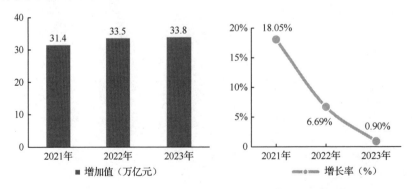

图 2-1　2021—2023 年中国制造业增加值及其增长率

（数据来源：国家统计局，赛迪顾问整理，2024 年 5 月）

二、广泛应用先进技术，全面提升产业能级

中国制造业正加速向数字化、智能化、绿色化和高端化发展。在这一背景下，一系列具有代表性的先进制造技术脱颖而出，展现出强大的发展潜力和广阔的应用前景。一是5G技术的广泛应用为工业互联网提供了强大的网络支持，实现了设备间的实时通信和数据传输。打造、应用工业互联网平台推动了制造业数字化、智能化转型，提高了生产效率和产品质量。二是持续推进智能制造与工业机器人应用，中国智能制造技术发展迅速，通过引入人工智能、机器学习和大数据分析等先进技术，实现了生产过程的自动化和智能化，工业机器人在制造业中的应用越来越广泛，不仅提高了生产效率，还降低了人力成本。

三、从数字化到智能化，智能制造走深向实

推动数字化转型升级走深走实，是推进先进制造业发展的必然选择。当前，随着全球新一轮科技革命和产业变革的深入，制造业的主要发展趋势是网络化、数字化、智能化。为了抢占制高点、赢得主动权，各地纷纷将智能制造作为主攻方向，推动数字化转型向智能化升级迈进。江苏、浙江等省在这一进程中表现尤为突出，以数字技术为重要手段，全面推进智能制造和企业数字化转型，大力推动工业互联网创新发展。通过实施智能化改造、数字化转型等行动，一些地区实现了数字基础设施建设的全面推进，深化了生产过程的自动化、智能化。同时，各地开始加快工业节能降碳技术的研发与推广应用。

第二节 发展特点

一、央地协同发力，加强规划引导和政策指导

近年来，随着全球经济的快速发展和科技的持续进步，先进制造业已成为各国竞争的焦点，作为全球第一制造大国，中国高度重视先进制造业的发展，中央及多地政府持续推出一系列相关政策，旨在提升制造业的核心竞争力和可持续发展能力。2023年，国家提出了新型工业化战略，以创新驱动、绿色发展、智能制造等为重点，推动制造业向高端化、智能化、绿色化方向转型升级。从地方层面来看，为提升制造业的整体实力和国际竞争力，各重

点省市积极加强先进制造业布局，培育和发展了一批具有特色和优势的制造业集群。这些集群以龙头企业为核心，形成了完整的产业链和供应链，有力支撑了区域经济的快速发展。

二、国际形势复杂多变，统筹机遇把握与灵活应对

当前，新一轮科技革命和产业变革不断深入，大国竞争和博弈日益加剧。从全球形势来看，世界经济整体复苏缺乏动力，地缘政治冲突频发，单边主义、保护主义上升，我国制造业发展深受来自外部环境的不利影响。从国内形势来看，中国制造业仍会面临外部贸易压力，制造业企业需要更加灵活地应对各种不确定性，但与此同时，在国家积极推进与其他国家和地区的贸易合作背景下，企业也具备开拓新市场和出海配套服务的机会。

三、中国正处于加速推进新型工业化的关键时期，先进制造业综合实力持续提升

发展先进制造业是推进新型工业化的重要抓手，新时期发展制造业要适应时代要求和形势变化，抓住关键、突出重点，积极提升产业链供应链韧性和安全水平，快速提高产业创新能力，持续稳步推动产业结构优化升级，推动数字技术与实体经济深度融合，全面推动工业绿色发展。现阶段，我国制造业规模已经连续多年居世界首位，产业链供应链韧性和竞争力持续提升，正处在由制造大国向制造强国转变的关键时期。

第三节　发展建议

一、以提升科技创新能力作为发展先进制造业的核心

坚持以创新驱动为核心，加快推进关键核心技术攻关，是发展先进制造业、推进新型工业化的迫切需要。一是坚持企业在科技创新中的主体地位，引导、支持产业生态主导型企业跨区组建创新联合体，推动产学研深度融合，促进产业链上下游企业协同创新发展。二是加快构建完善的科技研发体系，重点聚焦基础研究体系、应用研究体系、关键核心技术攻关体系、科技成果转化体系和政产学研用对接融合体系等，加快科技成果的转化和应用，提高科技创新的效率和效益。三是有效链接全球高端创新生产要素，链接全球一流先进技术，鼓励开放式创新，打造产业创新生态网络，包括专业高效的人

才队伍、便利完善的基础设施、精准有力的金融服务、特征鲜明的品牌标识、深入人心的创新文化等要素，为科技创新提供全方位的支持和保障。

二、以推进产业链能力提升作为发展先进制造业的重要抓手

发展先进制造业是构建现代化产业体系、提升产业链供应链韧性和安全性、加快推动新型工业化的重要抓手。一是构建以先进制造业为骨干的现代化产业体系，统筹推进传统产业升链、优势产业延链、短板产业补链、新兴产业建链，引导科技、金融、人才等优质要素资源向先进制造业集聚发力，巩固提升完备的产业体系优势。二是以产业集群为抓手强化产业链供应链建设，积极培育专精特新、单项冠军企业，保障中国产业链供应链的安全和稳定。三是统筹布局提升"工业五基"能力，提升关键基础材料、基础零部件及元器件、先进基础工艺、产业技术基础和工业基础软件等五个方面的能力，为先进制造业发展提供坚实的基础。

三、以营造良好的产业生态作为发展先进制造业的基础保障

营造良好的产业生态是促进整个产业链协同创新和升级发展的坚实保障。一是强化政策支持，制定并实施一系列扶持政策，减轻企业负担，激发其创新活力；营造宽松的市场环境，鼓励企业间的公平竞争和合作；建立完善的公共服务体系，为企业提供融资支持、市场开拓、技术咨询等全方位的服务；鼓励企业加大研发投入，提高产品和服务的附加值；重视人才培养和引进，为企业提供充足的人力资源支持。二是推动大中小企业融通创新、贯通发展，形成资源共享、优势互补的创新格局，实现上下游企业的无缝对接，提高整个产业链的效率和竞争力。三是促进产业链升级发展，加强对产业链关键环节的投入和研发，鼓励企业开展跨界合作，拓展产业链的边界和范围，培育新的增长点。

行业篇

第三章

智能制造装备

第一节　全球发展综述

一、全球智能制造装备产业规模持续扩大

近三年，在全球经济下行压力增大的背景下，智能制造装备产业成为少数仍保持稳定增长的产业之一。2021年和2022年全球智能制造装备产业规模分别达到10222.2亿美元和10996.1亿美元，2023年全球智能制造装备产业规模为11916.2亿美元左右，复合增长率约8.4%。虽然近期全球热点事件频发，但主流发达国家积极推进国内经济的复苏和制造业的转型升级，纷纷加大在该领域的投资，推动智能制造装备产业的快速发展。同时，新兴市场的崛起也为智能制造装备产业提供了新的增长点。

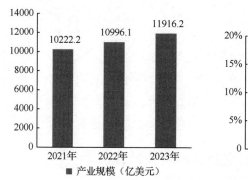

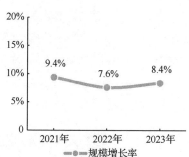

图 3-1　2021—2023 年全球智能制造装备产业规模与增长率

（数据来源：赛迪顾问，2024 年 2 月）

二、重大成套设备产业规模占比最大

2023 年，全球智能制造装备产业中，重大成套设备产业规模为 5294.8 亿美元，占比最高，达 44.4%；其他智能设备和智能检测装备产业规模相近，分别为 2226.6 亿美元和 2127.2 亿美元，占比分别为 17.8% 和 18.7%；数控机床、机器人和增材制造装备产业规模稍小，分别为 1177.9 亿美元、760.0 亿美元和 329.7 亿美元，占比为 9.9%、6.4% 和 2.8%。

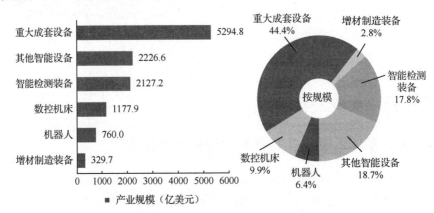

图 3-2　2023 年全球智能制造装备产业结构

（数据来源：赛迪顾问整理，2024 年 2 月）

三、亚洲地区是智能制造装备产业的主战场

2023 年，中国智能制造装备产业高速发展，与美国、德国、日本等发达国家同处于全球第一梯队。2023 年全年建成 2500 多个数字化车间和智能工厂，主营业务收入达 10 亿元的智能制造装备企业超过了 140 家，重点区域转型升级步伐明显加快，华东地区智能制造装备产业规模全国领先。中国已进入高质量发展的新阶段，以智能制造为主攻方向和突破口，充分利用智能制造发展的基础和优势，通过提升自主创新能力、大力发展智能制造装备、推动产业技术变革和优化升级，推动中国制造业迈向全球价值链中高端。

四、各国政策扶持加速智能制造装备产业发展

美国、欧洲、日本和韩国等国家和地区在智能制造装备产业方面均采取了积极的政策支持措施，以促进当地产业的快速发展，增强产业国际竞争力。美国的《美国国家创新路径》设立了专门的基金和研发项目，以支持智能制

造技术的创新和应用。德英等欧洲国家政府设立了多个专项基金和研发项目，支持企业在智能制造技术领域的创新，降低企业的运营成本和市场风险。日本、韩国等国家也发布了一系列政策，包括加大研发投入、建设创新平台、加强产学研合作等，以支持本地企业在智能制造领域的发展。

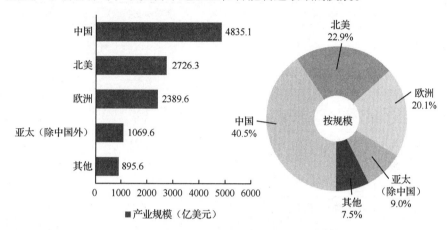

图 3-3 2023 年全球智能制造装备产业区域结构

（数据来源：赛迪顾问，2024 年 2 月）

表 3-1 2020—2022 年中国智能制造相关政策

颁 布 时 间	颁 布 主 体	政 策 名 称
2023 年	美国商务部	《2023 年国家出口战略》
2023 年	美国白宫科技政策办公室	《美国国家创新路径》
2023 年	德国联邦政府	《未来研究与创新战略》
2023 年	英国政府	《先进制造业计划》
2023 年	日本政府	《半导体、数字产业战略》
2023 年	韩国中小企业风险部	《新数字制造革新推进 2027 战略》

数据来源：赛迪顾问整理，2024 年 2 月

五、国际龙头企业的领先优势依旧明显

1. 全球智能制造装备产业的竞争格局

智能制造装备产业以增材制造设备、工业机器人、数控机床等为代表，美、日、德等发达国家竞争力较强，头部企业数量较多。在工业机器人领域，全球四大工业机器人供应商发那科、安川电机、ABB、库卡几乎垄断了行业

高端领域。在数控机床领域，山崎马扎克、通快公司、德玛吉森精机、大隈重工等企业也垄断着行业的高端领域。

表 3-2 2023 年全球智能制造装备产业 TOP10 企业排名

排　名	企业名称	国　家	营收（亿美元）	产业环节
1	西门子	德国	876.6	重大成套设备
2	博世	德国	783.3	重大成套设备
3	通用电气	美国	693.8	重大成套设备
4	施耐德电气	德国	395.8	重大成套设备
5	ABB	瑞士	322.8	机器人
6	山崎马扎克	日本	322	数控机床
7	库卡机器人	德国	107.69	机器人
8	德玛吉森精机	德国、日本	107.69	数控机床
9	安川电机	日本	75.31	数控机床
10	发那科	日本	57.01	机器人

数据来源：赛迪顾问整理，2024 年 2 月

2. 重点企业动态分析

（1）艾波比集团

艾波比集团（简称 ABB）一直致力于将自身转变为电气和自动化领域的敏捷型、目标驱动型领先企业。经过全球 10.5 万名员工的共同努力，2023 年 ABB 在工业机器人领域取得营业额全球第一的成绩。近期，ABB 进行了首席执行官的更迭，马腾接替罗必昂出任新的首席执行官，预示着 ABB 将继续深耕重点业务，并专注新的经营目标和可持续发展目标。同时，ABB 宣布加速 AI 创新步伐，加大投资力度，将人工智能嵌入全线业务。ABB 重点围绕洞见生成、过程优化、技能开发和人机交互等 AI 应用门类，开展了 100 余个人工智能项目，兼顾分析型 AI 和生成式 AI。

（2）通快集团

通快集团（TRUMPF Group）是一家全球领先的工业技术企业，总部位于德国迪琴根，在机床、激光技术、电子和医疗设备等多个领域均处于世界领先地位。通快集团参与推动德国工业 4.0 战略，是该战略的首批成员之一。集团的业务不仅覆盖汽车、电池、消费电子、医疗器械、航空航天等高端智能制造业，还涉及极紫外（EUV）光刻机光源的研发和生产。通快集团在 2023

财年结束时实现了销售额创纪录，达到 54 亿欧元，同比增长 27%。美国是通快的最大市场，销售额达到 8.99 亿欧元；德国本土市场销售额增至 7.79 亿欧元；中国成为第三大市场，销售额为 6.02 亿欧元。

第二节　中国发展概况

一、产业规模及增长

随着制造业智能化的升级改造，中国智能制造装备行业呈现较快的增长，2023 年的产业规模在 3.5 万亿元左右，2021 年和 2022 年的产业规模分别为 3 万亿元和 3.2 万亿元，近三年产业规模增长率一直保持在 8% 以上，2023 年产业规模增长率达到 10.5%。企业对于智能制造装备的需求日益增强，智能制造装备的生产商迎来了良好的发展机遇。

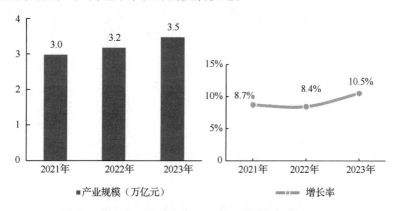

图 3-4　2021—2023 中国智能制造装备产业规模与增长率
（数据来源：赛迪顾问，2024 年 2 月）

二、重大成套设备产业规模占比超五成

智能制造装备产业主要由机器人、数控机床、重大成套设备、增材制造装备、智能检测装备及其他智能设备六个部分组成，2023 年重大成套设备产业规模达 18893.38 亿元，占比超过五成，达到 54.1%。机器人和数控机床产业规模分别为 1535.8 亿元和 3876.1 亿元，占比分别为 4.4% 和 11.1%。增材制造装备产业规模较小，占比为 1.1%。其他智能设备主要包含行业通用或专用的独立机械设备，产业规模达 7789.6 亿元，占比达到 22.3%。

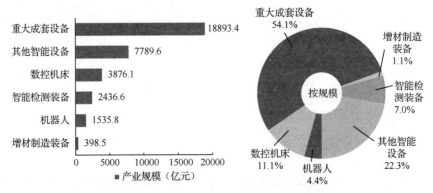

图 3-5　2023 年中国智能制造装备产业结构

（数据来源：赛迪顾问，2024 年 2 月）

三、国内智能制造装备产业产品结构丰富

国内智能制造装备产业产品结构丰富，包含了市场上主流的产品种类。数控机床领域，2023 年，金属切削机床的产业规模达 2026.0 亿元，高速五轴加工中心等 20 多类金属切削机床基本达到国际先进水平。机器人领域，2023 年，工业机器人的产业规模最大，达到 728.3 亿元。重大成套设备领域中各种装备产品规模较均衡，主要依赖其应用领域的发展情况。智能检测装备 2023 年的规模达 2436.6 亿元。增材制造（3D 打印）装备领域中，非金属材料 3D 打印机和金属材料 3D 打印机的规模分别为 246.7 亿元和 151.2 亿元（见表 3-3）。

表 3-3　2023 年中国智能制造装备产业重点产品结构

产业环节	重点产品	2023 年规模（亿元）
数控机床	金属切削机床	2062.0
	金属成型机床	1104.7
	特种加工机床	658.9
机器人	工业机器人	728.3
	服务机器人	195.8
	特种机器人	598.9
重大成套设备制造	矿山机械	1545.5
	石油钻采专用设备	1343.3
	冶金专用设备	1375.4

续表

产业环节	重点产品	2023 年规模（亿元）
智能检测装备	实验分析仪器	346.5
	试验机	82.3
	工业检测设备	1852.6
增材制造装备	非金属材料 3D 打印机	246.7
	金属材料 3D 打印机	151.2

数据来源：赛迪顾问，2024 年 2 月

四、华东地区智能制造装备产业规模占比超四成

2023 年，华东地区智能制造装备产业规模达 14062.9 亿元，占比超过 40%。中南地区产业规模为 9371.8 亿元，占比为 26.8%。华北和西南地区稍逊，产业规模为 3978.5 和 3723.5 亿元，占比为 11.4% 和 10.7%。作为中国经济规模最大的区域，华东地区包括上海、江苏、浙江、安徽、福建、江西、山东等制造业发达省（市）。充足的市场需求和坚实的工业基础，使智能制造装备产业在华东地区快速发展。中南地区产业具有高集聚性、根植性、先进性，且具有较强协同创新力、智造发展力和品牌影响力，智能制造装备产业发展空间广阔。

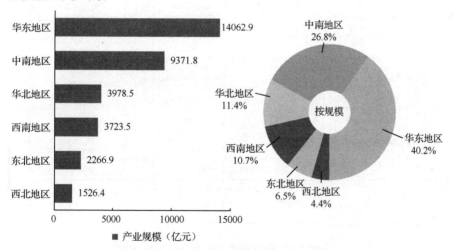

图 3-6　2023 年中国智能制造装备产业结构

（数据来源：赛迪顾问，2024 年 2 月）

第三节　产业链分析

一、产业链全景图

上游主要包括智能制造装备生产所需的原材料和基础零部件，原材料分为基础原材料（钢材、铝材、橡胶、塑料等）和新型原材料（碳纤维、高分子材料、复合材料、纳米材料、特种陶瓷等），基础零部件包括主轴轴承、伺服系统、电子元器件、传感器等。中游是各类装备的整机制造环节，主要包括机器人、增材制造装备、重大成套设备、数控机床、智能检测装备及其他智能设备。整机制造是产业链中的核心环节，具有高集中度、高壁垒等特点，是驱动产业发展的核心主导力量，属于产业链的核心层。下游为智能制造装备的在各行业中的应用，涉及汽车制造、工程机械、冶金矿产、油气开采、生物医药、航空航天、物流运输、轻工食品、服装纺织、建筑建材等国民经济发展中的主要场景（见图 3-7）。

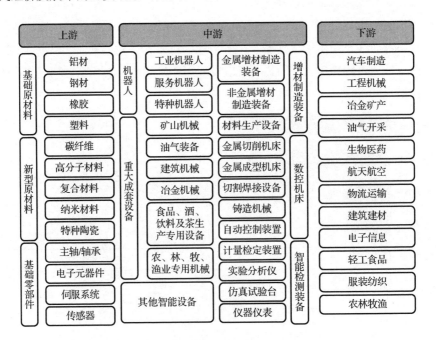

图 3-7　智能制造装备产业链全景图

（数据来源：赛迪顾问，2024 年 2 月）

二、产业环节重点企业

1. 产业环节重点企业

2023 年，中国智能制造热度持续高涨，在机器人、数控机床、重大成套设备、增材制造装备等各领域都涌现出一批重点企业（见表 3-4）。以埃斯顿、汇川技术、铂力特、沈阳机床、秦川机床、徐工为代表的企业，在智能制造装备产业实现了快速发展。智能制造装备产业在汽车、电子、金属制品、塑料及化工等诸多行业已经得到了广泛的应用。随着装备技术和性能的不断提升，以及各种应用场景的不断创新，全球的智能制造装备的市场需求将保持在较高水平。

表 3-4　2023 年中国智能制造装备产业重点企业

产 业 环 节	排　　名	企 业 名 称	主 营 业 务
机器人	1	埃斯顿	工业机器人制造
	2	新松	工业机器人制造
	3	埃夫特	工业机器人制造
	4	新时达	工业自动化装置制造
重大成套设备	1	汇川技术	工业自动控制系统装置制造
	2	徐工	工程机械成套设备制造
	3	兖矿能源	特种设备制造
	4	中航高科	高端智能装备研发制造
增材制造装备	1	铂力特	增材制造设备技术解决方案
	2	华曙高科	增材制造设备技术解决方案
	3	联泰	增材制造设备技术解决方案
智能检测装备	1	菲特检测	电子工业专用设备制造
	2	通用技术	专用设备制造
	3	上海超群	智能装备研发制造

数据来源：赛迪顾问整理，2024 年 2 月

2. 重点企业表现及评价

2023 年，智能制造装备产业的重点企业在技术创新、市场拓展和产业升级等方面都表现出了强劲的发展势头。多家重点企业在自动化装备、3D 打印和工厂自动化等领域取得了显著的技术突破。随着智能制造装备市场需求的持续增长，一些重点企业凭借卓越的产品质量和强大的品牌影响力，成功

拓展了市场份额，特别是在新能源汽车、电子信息、航空航天等高端制造领域。

埃斯顿

南京埃斯顿自动化股份有限公司（以下简称"埃斯顿"）是一家在智能制造装备领域表现卓越的企业。自 1993 年成立以来，埃斯顿一直致力于自动化核心部件及运动控制系统、工业机器人及智能制造系统的研发、生产和销售。2023 年公司的营业收入和净利润均实现了稳步增长。此外，埃斯顿在工业机器人领域的出货量也持续保持增长态势，市场占有率逐年提升。埃斯顿还积极与国内外知名企业和高校合作，共同开展技术研发和创新活动，使其在机器人领域始终保持领先地位。

科德数控

科德数控在数控机床领域具有较强的技术创新能力，其五轴联动数控机床等产品在市场上具有较高的知名度和竞争力。公司在 2024 年 1 月至 2 月期间的新增订单数量同比增长了 45.30%。在新增订单中，整机业务占比约 95%，同比增长了 42%，功能部件业务占比约 4%。五轴立式加工中心和五轴卧式铣车复合加工中心的订单金额占比较大，分别为 44% 和 39%。科德数控在市场拓展方面也做得比较好，不仅在国内市场取得了一定的份额，还在国际市场上有所突破。公司的产品和解决方案广泛应用于航空航天、汽车制造、模具制造等领域。

汇川技术

汇川技术是一家在工业自动化控制领域表现卓越的企业，在 2023 年全年的经营表现总体稳健，营业收入实现稳健增长，公司在市场拓展和产品销售方面取得了良好的成绩，具有自主知识产权的工业自动化控制技术也不断突破。近期汇川技术蝉联中国电气企业年度 100 强，位列第三；凭借 All-liqcool 产品获得国际储能大奖。汇川技术也在不断开拓国际市场，2023 年新产品获得韩国 Emark 认证，摩根士丹利将汇川技术 MSCI ESG 评级提升至 A。

第四节　存在的问题

一、内需不足和外需收缩制约行业稳定增长

2023 年国内消费需求复苏乏力，2023 年 6 月起，社会消费品零售总额同比增速快速回落，8 月份，消费者价格指数（CPI）由负转正，同比上涨

0.1%，工业生产者出厂价格指数（PPI）同比下降3.0%，连续9个月下跌，制造业新订单PMI指数为50.2%，国内市场终端产品需求疲软正在向装备制造业等产业中上游传导。同时，2023年全球贸易收缩，新出口订单下滑，外需收缩。美元持续加息，借贷成本提高，造成大宗商品的需求下降，欧美制造业发展疲软。在内需不足和外需收缩的双重影响下，中国制造业企业的发展降速，制约了智能制造装备产业的稳定增长。

二、自主创新能力不足，技术瓶颈仍然存在

中国在智能制造装备领域，自主创新能力不足，核心技术、高端制造生产方面缺乏国际竞争力。长期以来，企业在理论研究和应用研究上的投入相对较低，创新氛围和机制也有待完善。虽然中国在智能制造技术方面取得了一定进展，但在一些关键领域和核心技术上仍存在短板。控制系统、系统软件等关键技术环节的创新能力相对薄弱，技术瓶颈限制了智能制造装备的性能提升和功能拓展，使中国产品在国际市场上难以与先进国家的产品竞争。

第五节 措施建议

一、着力推动工业领域大规模设备更新

2023年中央经济工作会议提出的"要以提高技术、能耗、排放等标准为牵引，推动大规模设备更新和消费品以旧换新"。各级政府应加大财税支持力度和金融政策供给，有效降低企业投资成本，极大提升企业设备更新的热情和意愿。将工业企业技术改造项目实施涉及的用地、规划、环评、能评、安评等多个环节纳入优先保障范围，简化前期审批手续，将进一步减轻企业负担、激发市场活力。在数控机床、工业机器人、控制装备、检测装备等领域，积极开展重大技术装备科技攻关，促进智能制造装备更新换代，提升制造业企业更新设备的动力。

二、强化标准制定与监管水平

在智能制造装备产业的发展过程中，强化标准制定与市场监管显得尤为重要。政府作为产业发展的引导者和监管者，应积极引导推动标准制定，监督标准实施。政府应组织相关行业协会、科研机构、企业等各方力量，共同

研究制定适应智能制造装备产业发展的技术标准、产品标准和管理标准。标准应涵盖智能制造装备的设计、生产、测试、应用等各个环节，确保整个产业链的规范化和标准化。

三、加大科研投入攻关核心技术

智能制造装备行业涉及众多领域和技术路线，企业应根据自身实力和市场需求，选择符合自身发展定位和目标的关键技术和产品方向进行攻关。重视攻关关键技术是企业提升核心竞争力的关键。智能制造装备产业的核心竞争力在于技术创新和产品研发能力。企业应持续加大科研投入力度，提高研发投入占比，确保关键技术攻关顺利进行。通过构建完善的科技创新体系，企业可以不断提升自身的研发实力和创新能力。同时，企业还应注重知识产权保护和成果转化应用，将技术优势转化为市场优势，实现可持续发展。

四、注重品牌培育并做好知识产权保护

近年来，中国对知识产权和品牌的保护机制日益完善。一个强大的品牌可以显著提升企业的市场竞争力，帮助企业在激烈的市场竞争中脱颖而出。通过持续的品牌建设，企业可以逐渐树立起专业、可靠、创新的品牌形象，从而赢得客户的信任和忠诚。知识产权保护对于智能制造装备产业企业来说同样重要。智能制造装备企业在研发新产品、新技术时，往往会涉及大量的专利、商标、著作权等知识产权。如果企业不注重知识产权保护，那么这些创新成果很可能会被竞争对手模仿或抄袭，从而给企业带来巨大的经济损失。

第四章

新能源汽车

近年来，全球汽车产业电动化进程持续加速，新能源汽车逐步成为支撑全球汽车销量增长、推动全球汽车产业升级的重要力量。2023 年，全球新能源汽车总计销售 1428.3 万辆，同比增长 31.9%，占全球汽车销量的比重从 13.8%提升至 16.1%。中国新能源汽车市场连续 9 年保持全球产销量第一，2022 年和 2023 年全球销量分别达到 958.7 万辆和 949.5 万辆，全球占比均超过 60%，中国已逐步成为全球新能源汽车产业发展的核心推动力量。未来，随着汽车产业电动化、智能化、网联化转型持续深化，新能源汽车消费和使用环境日益完善，新能源车企出海步伐持续加快，中国新能源汽车产业规模有望保持较快增长。

第一节　全球发展综述

一、全球新能源汽车销量增速放缓，新能源汽车渗透率继续攀升

近年来，全球汽车产业电动化进程持续加速，新能源汽车逐步成为支撑全球汽车销量增长、推动全球汽车产业升级的重要力量。2023 年，全球新能源汽车销售总量达 1428.3 万辆，同比增长 31.9%，占全球汽车总销量的比重进一步从 13.8%提升至 16.1%（见图 4-1）。

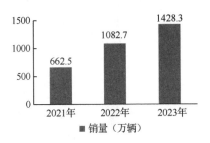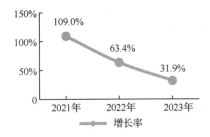

图 4-1　2021—2023 年全球新能源汽车销量与增长

（数据来源：赛迪顾问，2024 年 2 月）

二、纯电动汽车保持销量主力地位，市场占比超六成

从新能源汽车市场结构来看，2023 年纯电动汽车销量共计 953.6 万辆，占全球新能源汽车总销售量的 66.8%，插电式混合动力汽车销量共计 472.3 万辆，占全球新能源汽车总销售量的 33.0%，占比较上年度有较大提升，燃料电池汽车销量为 2.4 万辆，市场份额达 0.2%（见图 4-2）。

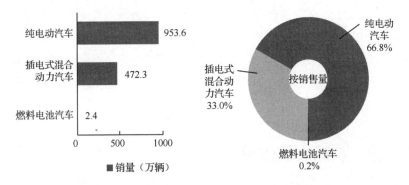

图 4-2　2023 年全球新能源汽车市场产品结构

（数据来源：赛迪顾问，2024 年 2 月）

三、中国新能源汽车市场全球"九连冠"，全年销量近 950 万辆

2023 年，中国新能源汽车市场连续 9 年保持全球销量第一，总销量达到 949.5 万辆，全球销量占比高达 66.5%。欧洲新能源汽车市场销量再次位列全球第二名，总销量达到 288.4 万辆，在全球新能源汽车消费市场份额达到 20.2%。美国新能源汽车市场销量在全球排第三位，总销量达到 138.6 万辆，在全球新能源汽车消费市场份额达到 9.7%（见图 4-3）。

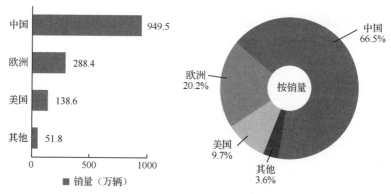

图 4-3　2023 年全球新能源汽车市场区域结构

（数据来源：赛迪顾问，2024 年 2 月）

四、动力电池市场增长强劲，中国动力电池装机量一骑绝尘

作为新能源汽车关键零部件之一，动力电池近年来在成本、性能等方面均取得较大突破，同时，固态电池等新一代电池产业化进程加速，有力支撑了全球动力电池装机量的持续快速增长。2023 年全球动力电池装机量为 707.8GW·h。其中，中国动力电池在装机量方面领跑全球，占全球动力电池装机量比重达到 63.4%（见图 4-4）。

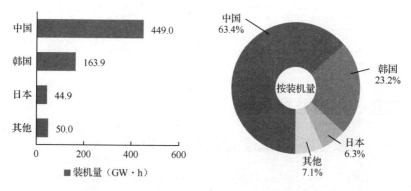

图 4-4　2023 年全球动力电池装机量区域分布

（数据来源：赛迪顾问，2024 年 2 月）

五、全球新能源汽车市场竞争加剧，中国车企占据半壁江山

2023 年，全球新能源汽车市场竞争持续加剧，行业集中度进一步提升，具体看来，排名前五的企业占据了全球新能源汽车销量的 56.6%，较上年增

加2.9%，排名前十的企业占据了全球新能源汽车销量的72.9%，其中，比亚迪蝉联全球新能源汽车企业销量第一，全年销售302.4万辆新能源汽车，较上年度增长62.4%，特斯拉全球销量达到180.9万辆，较上年度增长38.1%，位列全球销量第二。排名前十强新能源汽车企业中，中国共占5席，除比亚迪以外，上汽集团以112.3万辆的销量，位列全球销量第三，吉利控股集团以97.7万辆的销售，位列全球销量第四，广汽集团、长安汽车分别以销售55.0万辆、47.3万辆位列第七和第十（见表4-1）。

表4-1　2023年部分全球新能源汽车企业销量情况

排　名	企业名称	国　家	销量（万辆）	销量占比
1	比亚迪	中国	302.4	22.2%
2	特斯拉	美国	180.9	13.3%
3	上汽集团	中国	112.3	8.2%
4	吉利控股集团	中国	97.7	7.2%
5	大众汽车集团	德国	77.0	5.7%
6	奔驰集团	德国	62.8	4.6%
7	广汽集团	中国	55.0	4.0%
8	宝马	德国	53.9	4.0%
9	现代集团	韩国	51.6	3.8%
10	长安	中国	47.3	3.5%

数据来源：赛迪顾问，2024年2月

第二节　中国发展概况

一、政策支持助力新能源汽车全面发展

2023年，中国陆续出台多项重要政策措施，着力推动新能源汽车产业发展走深、走实。2023年2月，工业和信息化部等八部门联合发布《关于组织开展公共领域车辆全面电动化先行区试点工作的通知》，提出"按照需求牵引、政策引导、因地制宜、联动融合的原则，在完善公共领域车辆全面电动化支撑体系，促进新能源汽车推广、基础设施建设、新技术新模式应用、政策标准法规完善等方面积极创新、先行先试，探索形成一批可复制可推广的经验和模式，为新能源汽车全面市场化拓展和绿色低碳交通运输体系建设发

挥示范带动作用"的总体要求。2023 年 2 月，国家铁路局、工业和信息化部、中国国家铁路集团有限公司发布《关于支持新能源商品汽车铁路运输服务新能源汽车产业发展的意见》，为完善新能源汽车产业发展环境提供了有效助力。2023 年 3 月，自然资源部发布《智能汽车基础地图标准体系建设指南（2023 版）》，提出"到 2025 年，初步构建能够支撑汽车驾驶自动化应用的智能汽车基础地图标准体系"和"到 2030 年，形成较为完善的智能汽车基础地图标准体系"的建设目标。2023 年 5 月，国家发展改革委、国家能源局联合印发《关于加快推进充电基础设施建设 更好支持新能源汽车下乡和乡村振兴的实施意见》，提出"创新农村地区充电基础设施建设运营维护模式""支持农村地区购买使用新能源汽车""强化农村地区新能源汽车宣传服务管理"等相关实施意见。2023 年 6 月，国务院办公厅发布《关于进一步构建高质量充电基础设施体系的指导意见》，提出"到 2030 年，基本建成覆盖广泛、规模适度、结构合理、功能完善的高质量充电基础设施体系。"2023 年 9 月，工业和信息化部等七部门联合发布《汽车行业稳增长工作方案（2023—2024 年）》，提出"2024 年，汽车行业运行保持在合理区间，产业发展质量效益进一步提升"的明确目标。国家政策的陆续完善，为中国新能源汽车产业营造了更加良好的发展环境，进一步加速了中国新能源汽车产业发展，为中国新能源汽车产业持续增强核心竞争力提供了有力支撑。

表 4-2 2021—2023 年中国新能源汽车产业主要政策

颁布时间	颁布主体	政策名称
2020 年	国务院办公厅	《新能源汽车产业发展规划（2021—2035 年）》
2022 年	财政部	《财政支持做好碳达峰碳中和工作的意见》
2022 年	国家发展改革委、国家能源局	《"十四五"现代能源体系规划》
2022 年	财政部、税务总局、工业和信息化部	《关于延长新能源汽车免征车辆购置税政策的公告》
2023 年	工业和信息化部等八部门	《关于组织开展公共领域车辆全面电动化先行区试点工作的通知》
2023 年	市场监管总局、工业和信息化部	《关于开展新能源汽车动力电池梯次利用产品认证工作的公告》
2023 年	国家铁路局、工业和信息化部、中国国家铁路集团有限公司	《关于支持新能源商品汽车铁路运输服务新能源汽车产业发展的意见》
2023 年	交通运输部	《道路运输车辆技术管理规定》

续表

颁 布 时 间	颁 布 主 体	政 策 名 称
2023 年	生态环境部等五部门	《关于实施汽车国六排放标准有关事宜的公告》
2023 年	自然资源部	《智能汽车基础地图标准体系建设指南（2023 版）》
2023 年	国家发展改革委、国家能源局	《关于加快推进充电基础设施建设 更好支持新能源汽车下乡和乡村振兴的实施意见》
2023 年	国务院办公厅	《关于进一步构建高质量充电基础设施体系的指导意见》

数据来源：赛迪顾问，2024 年 2 月

二、新能源汽车产业规模将持续增长，但增速将继续放缓

2023 年是中国新能源汽车和传统汽车产业深度转型的关键之年，新能源汽车与燃油汽车之争进入白热化。尽管新能源汽车产业受竞争愈发激烈、消费动力不足等多种因素阻碍，中国新能源汽车产业规模依然保持较高增长态势，全年产量达到 958.7 万辆，同比增长 35.8%，占全国汽车总产量的 31.8%（见图 4-5）。

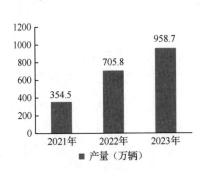
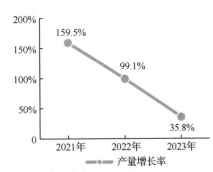

图 4-5　2021—2023 年中国新能源汽车产业规模与增长

（数据来源：赛迪顾问，2024 年 2 月）

三、新能源乘用车产业规模占比超过 90%，新能源商用车渗透率接近 18%

2023 年，新能源乘用车实现年产量 888.2 万辆，占新能源汽车总产量的比重高达 92.6%，同时，新能源乘用车产量占乘用车总产量的比重提升至 34.8%，较上年度提升约 7 个百分点。新能源商用车全年总产量为 70.5 万辆，

占商用车总产量的 17.5%（见图 4-6）。

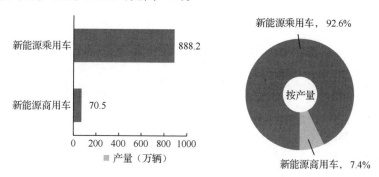

图 4-6　2023 年中国新能源汽车产业结构

（数据来源：赛迪顾问，2024 年 2 月）

2023 年，新能源乘用车与新能源商用车均展现出强劲发展势头，纯电动乘用车表现尤为亮眼。具体看来，在新能源乘用车方面，2023 年，纯电动乘用车产量达到 610.1 万辆，占新能源汽车总产量比重达到 63.6%，插电式混合动力乘用车产量 278.1 万辆，占新能源汽车总产量比重达到 29.0%，较上年度提升 6.6%。在新能源商用车方面，纯电动商用车产量达到 68.0 万辆，占新能源商用车比重达 96.4%，插电式混合动力商用车产量 1.9 万辆、燃料电池商用车产量 0.6 万辆，分别占新能源商用车产量的 2.7% 和 0.9%。

表 4-3　2023 年中国新能源汽车产业重点产品结构

产 业 环 节	重 点 产 品	2023 年规模（万辆）
新能源乘用车	纯电动乘用车	610.1
	插电式混合动力乘用车	278.1
新能源商用车	纯电动商用车	68.0
	插电式混合动力商用车	1.9
	燃料电池商用车	0.6

数据来源：赛迪顾问，2024 年 2 月

四、中南地区、华东地区新能源汽车产业规模全国占比累计超过八成

2023 年，中南地区、华东地区持续领跑中国新能源汽车产业发展，两地区新能源汽车产量总计为 772.2 万辆，占全国新能源汽车总产量的比重为 80.5%，较上年度增加 3.7%。具体来看，在中南地区中，广东、湖南、广西

三地新能源汽车产量总计达到 381.8 万辆，占中南地区新能源汽车总产量的比重达到 91.3%。在华东地区中，上海、安徽两地新能源汽车产量总计达到 203.8 万辆，占华东地区新能源汽车总产量的比重达到 57.6%（见图 4.7）。

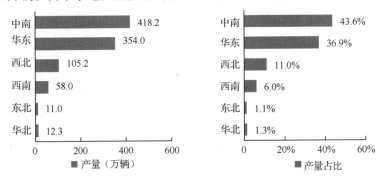

图 4-7　2023 年中国新能源汽车产业区域结构
（数据来源：赛迪顾问，2024 年 2 月）

第三节　产业链分析

新能源汽车产业链主要可以分为上游零部件环节，中游整车环节以及下游服务和市场环节。上游零部件环节主要由动力电池、驱动电机、电控系统、智能座舱、智能驾驶等核心配件构成。中游整车环节是新能源汽车产业链中的核心环节，主要分为新能源乘用车和新能源商用车。下游新能源汽车服务和后市场环节主要包括补能服务、出行服务以及汽车后市场（见图 4-8）。

一、新能源汽车动力电池增速大幅放缓，全年装机量近 400GW·h

2023 年，新能源汽车动力电池装机量持续增长，全年装机量累计达 385.2GW·h，但受下游新能源汽车产销量增速放缓影响，动力电池装机量增速大幅放缓，仅为 30.8%（见图 4-9）。

二、补能服务能力日益完善，充电基础设施总量近 860 万台

随着新能源汽车保有量的快速增长，为进一步构建良好的新能源汽车使用环境，中国充电基础设施建设也进入到高速增长阶段。2023 年，中国充电基础设施总量达到 859.6 万台，当年新增 338.6 万台，新能源汽车车桩比例达到 2.4∶1 左右，补能服务能力较上年度有较大幅提升（见图 4-10）。

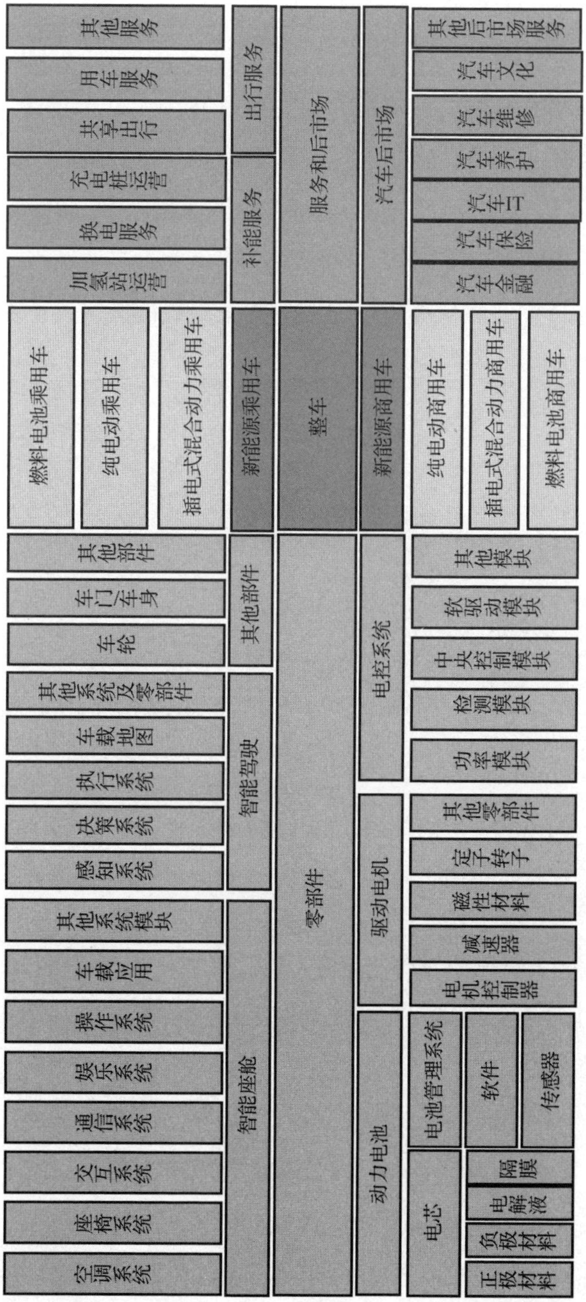

图 4-8 新能源汽车产业链全景图

（数据来源：赛迪顾问，2024 年 2 月）

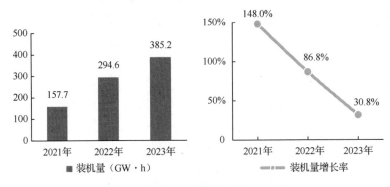

图 4-9　2021—2023 年中国动力电池装机量与其增长率

（数据来源：赛迪顾问，2024 年 2 月）

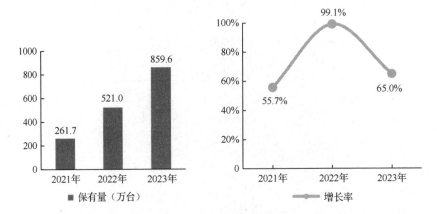

图 4-10　2021—2023 年中国充电桩保有量与增长率

（数据来源：赛迪顾问，2024 年 2 月）

第四节　存在的问题

一、数据安全问题或将制约新能源汽车智能化、网联化发展

　　根据公安部公布数据显示，截至 2023 年底，中国新能源汽车保有量已达到 2041.0 万辆，约占中国汽车总保有量的 6.1%，新能源汽车数据安全问题逐步凸显，工业和信息化部车联网动态监测显示，仅 2020 年，中国整车企业和车联网信息服务提供商等相关企业和平台受到的恶意攻击达 280 余万次。未来，随着中国新能源汽车保有量的不断增加，新能源汽车智能化、网联化程度日益增强，新能源汽车将面临更多病毒、访问控制、数据泄露等方面的数据安全威胁，或将进一步制约中国新能源汽车产业智能化、网联化发展。

二、大模型重塑汽车智能化技术路线，高质量数据和芯片算力不足或将掣肘行业发展

大模型是训练海量数据后进行复杂任务处理、结果预测的神经网络模型，端到端是指智能网联汽车通过感知结果直接实现驾驶决策的过程。现阶段，智能汽车的自动驾驶系统多采用的是模块化的开发架构，模块化架构是指将自动驾驶系统划分为感知模块、决策规划模块和执行模块，各模块间存在着明确界限，且需要进行单独的训练、迭代、优化，随着模型参数量的不断提升，企业在模型训练方面投入的资金将持续提高。但是，在数据方面，现阶段不同车企使用的数据采集车辆、数据采集设备的标准尚未统一，导致采集的数据在行业内的通用程度不高，行业内缺乏公开的、大规模的、标注好的数据集，使大模型的训练和优化变得非常困难。在算力方面，现阶段车载芯片的数据处理能力虽有所提升，但还无法达到支撑 AI 大模型运行的水平。比如，在自然语言处理领域的 GPT-3 模型，需数万亿 TOPS 的计算能力。这要求车载芯片的算力至少要在万 TOPS 级。但目前的车载芯片的算力仅为数百 TOPS，远达不到大模型的计算要求。

三、内部竞争激烈，新能源汽车产业链上下游企业成本压力激增

2023 年，中国新能源汽车价格竞争激烈，多数新能源汽车价格大幅下探，在"价格战"的影响下，新能源汽车产业链上下游面临极大的成本压力。预计 2024 年，中国新能源汽车"价格战"仍将持续，新能源汽车产业链上下游企业仍将面临较大成本压力。在此背景下，降本增效将成为新能源汽车产业发展的必然选择，中国新能源汽车产业链上下游企业只有通过降低生产成本、推动产品和技术创新，才能应对不断变化的市场需求和政策导向。

第五节　措施建议

一、鼓励新能源汽车企业更高质量地"走出去"

充分借力"一带一路"建设，鼓励和支持整车和零部件企业合理加大海外投资力度，引导新能源汽车企业通过投资、并购、参股、技术合作等多种方式推动自身国际化发展战略，加快推动产业合作向技术研发、市场营销等

全链条延伸。建立适合新能源汽车产业链发展的产业链金融与外汇服务方案，出台贸易投资便利化措施。

二、持续完善中国新能源汽车产业发展生态

持续支持新能源汽车消费，扩大新能源汽车的推广规模。健全汽车生产风险预警机制，保障产业链、供应链畅通。加大新能源汽车的知识产权保护力度，构建新能源汽车知识产权运营服务体系。加快推动基础设施建设，支持智能交通信号灯、监控系统、边缘计算等路侧单元的数字化升级改造，提高边缘计算设备、路侧通讯终端与道路基础设施、智能管控设施的融合接入能力，实现对关键基础设施的数字化监管。推动智能网联新能源汽车与智能交通、智慧城市融合发展，围绕重点区域，加快交通数字化转型和智能化升级。

三、完善智能网联新能源汽车信息安全防护体系

加速完善智能网联新能源汽车相关法律法规、规章，加快修订《中华人民共和国道路交通安全法》，以确保 L3 级及以上智能网联新能源汽车合规上路；进一步明确智能网联新能源汽车生产企业及产品准入管理，以支撑智能网联新能源汽车安全管理落地；积极探索智能网联新能源汽车法规申请豁免机制，加快推动各类新产品、新技术等的创新应用；构建包含预测、防护、检测、响应的信息安全保障体系。引导整车企业、互联网企业及安全业务企业共同参与国家级智能网联新能源汽车信息安全认证体系，增强智能网联新能源汽车供应链上各类企业对智能网联新能源汽车全生命周期的信息安全问题的认知，强化对安全漏洞的研究和分析。

第五章

动力电池

　　凭借完善的产业链供应链和强大的政策支持，中国已成为动力电池制造及应用第一大国。2023 年，中国动力电池装机量达 385.2GW·h，全球市场占有率超六成。随着产业不断发展，动力电池在能量密度、安全性和循环寿命等方面已经有了大幅提升，并且向高端化、轻量化方向发展。未来，随着新能源汽车市场需求持续向好，中国的动力电池产业仍将保持良好发展势头。

第一节　全球发展综述

一、原材料价格大幅下跌，全球动力电池装机量增长率下降

　　2023 年，全球动力电池装机量继续保持增长势头，全年装机量累计达 707.8GW·h，但增长率有所放缓，由 2021 年的 114.0%、2022 年的 79.4% 下降至 38.4%（见图 5-1）。

二、三元电池在市场结构中占比最高

　　2023 年，全球动力电池市场仍然以磷酸铁锂电池和三元电池为主，与 2022 年相比，两种产品所占市场份额变动不大。按照装机量分析，2023 年，全球三元电池装机量为 411.2GW·h，市场份额占比为 58.1%，磷酸铁锂电池装机量为 286.0GW·h，市场份额占比为 40.4%（见图 5-2）；按照销售额分析，三元电池销售额达 579.2 亿美元，占比 58.1%，同比下降 0.7%；磷酸铁锂电池销售额为 402.7 亿美元，占比 40.4%，同比增长 2.0%（见表 5-1）。

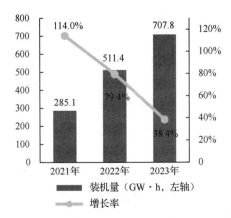

图 5-1　2021—2023 年全球动力电池装机量与其增长率

（数据来源：赛迪顾问，2024 年 2 月）

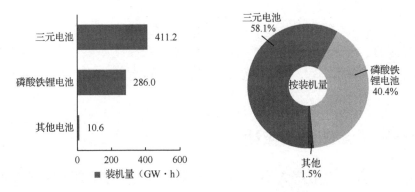

图 5-2　2023 年全球动力电池市场产品结构

（数据来源：赛迪顾问，2024 年 2 月）

表 5-1　2023 年全球动力电池市场产品结构

细分产品	2022 年销售额 （亿美元）	2023 年销售额 （亿美元）	同比增长 （%）	2023 年销售额 占比（%）
磷酸铁锂电池	395.0	402.7	2.0%	40.4%
三元电池	622.6	579.2	−0.7%	58.1%
其他	11.1	15.0	34.7%	1.5%

数据来源：赛迪顾问，2024 年 2 月

三、亚洲市场仍占据主导地位，欧美国家加速追赶

2023 年，亚洲市场仍占据全球动力电池主导地位，中日韩三国动力电池装机量市场份额占比为 92.9%，装机量分别为 449.0GW·h、163.9GW·h、44.9GW·h；其中，日本动力电池市场占有率有所下降，从 2022 年的 13.0% 下降到 6.3%。同时，欧洲、美国等地区和国家大力发展动力电池产业，装机量占比从 2022 年的 5.1% 上升到 7.1%，但产业发展尚处于初级阶段（见图 5-3）。

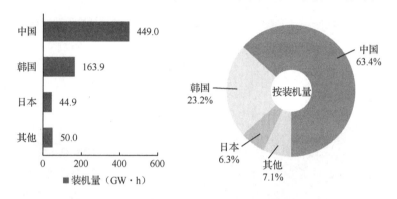

图 5-3　2023 年全球动力电池市场区域结构

（数据来源：赛迪顾问，2024 年 2 月）

四、动力电池技术持续创新，产业化进程不断推进

大圆柱电池产业化进程进入全新阶段。相较于普通方形电芯，大圆柱电芯在能量密度、成组效率以及一致性方面优势更加明显。2023 年 10 月，特斯拉率先量产 2000 万颗 4680 大圆柱电芯，亿纬锂能、宁德时代、中创新航、国轩高科等电池厂商也在积极推进大圆柱电池的技术和产能布局。2024 年初，搭载亿纬锂能大圆柱电池的江淮瑞风 RF8 车型正式上市，实现了大圆柱电池的装车应用，大圆柱电池产业化进入全新阶段。

固态电池备受关注。随着新能源汽车市场对动力电池的要求持续提高，受能量密度、安全性等方面影响，传统动力电池需求增长放缓。其中，固态电池被认为是具有颠覆性的全新电池技术之一，吸引了世界各国的研究机构、企业和政府的关注。但由于固态电池的制造体系与传统动力电池存在极大差异，制造原理和工艺更加复杂，现阶段，固态电池尚处在研发阶段，尚未实现商业化应用。

磷酸锰铁锂电池成为市场新热点。在动力电池综合性能不断提升的趋势下，磷酸盐系电池也正经历着从磷酸铁锂向磷酸锰铁锂体系的升级换代。相较于磷酸铁锂电池，磷酸锰铁锂电池有更宽的电压窗口以及更出色的低温性能表现。现阶段，磷酸锰铁锂多与三元正极材料掺杂应用，可兼顾三元电池的高能量密度和磷酸锰铁锂的低温性能，为企业打开降本增效的空间，目前已经实现了部分新能源汽车中高端车型的装机落地，产业化正在加速推进中。

五、宁德时代、比亚迪、LG 新能源引领全球市场竞争

2023 年，宁德时代装机量为 260.1GW·h，在全球占据最大的市场份额。宁德时代主要提供电芯、模组、电池包和电池管理系统等产品，其产品应用领域包括新能源汽车、工业企业储能等方面。其中，重点产品主要是麒麟电池、凝聚态电池、神行超充电池。

2023 年，比亚迪动力电池装机量为 112.3GW·h，全球排名第二。比亚迪拥有完整的动力电池生产能力，可实现从电池单体、电池模组到电池系统的全链条生产制造。比亚迪的代表性产品或技术包括刀片电池、CTB 技术、DM 混动技术、易四方以及云辇技术。

LG 新能源隶属于韩国 LG 集团，2023 年装机量为 94.6GW·h，全球排名第三。LG 新能源是全球较早量产三元电池的公司之一，在全球范围内拥有超过 20000 名员工，并在中国、韩国、美国等地建立了全球化的生产运营体系，是大众、福特、奥迪、保时捷、特斯拉等汽车企业的动力电池供应商，知名产品有四元锂电池（见表 5-2）。

表 5-2　2023 年全球动力电池市场 TOP10 排名（按装机量）

排　名	企业名称	国　家	装机量（GW·h）	装机量占比
1	宁德时代	中国	260.1	36.7%
2	比亚迪	中国	112.3	15.9%
3	LG 新能源	韩国	94.6	13.4%
4	松下	日本	44.9	6.3%
5	SK ON	韩国	35.5	5.0%
6	三星 SDI	韩国	33.8	4.8%
7	中创新航	中国	33.4	4.7%

续表

排　名	企 业 名 称	国　家	装机量（GW·h）	装机量占比
8	国轩高科	中国	16.5	2.3%
9	亿纬锂能	中国	16.4	2.3%
10	欣旺达	中国	10.3	1.5%

数据来源：赛迪顾问整理，2024 年 2 月

第二节　中国发展概况

一、2023 年中国动力电池市场装机量保持增长，增速有所放缓

2023 年，中国动力电池市场装机量仍然保持增长，但增速有所放缓，从 2021 年和 2022 年的 142.9% 和 90.7% 下降至 30.8%。受碳酸锂价格大幅下跌影响，动力电池市场销售额出现轻微下跌，2023 年为 3852.0 亿元，同比降低 5.8%。

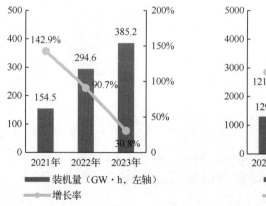
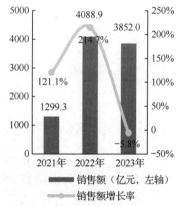

图 5-4　2021—2023 年中国动力电池规模及其增长率

（数据来源：赛迪顾问，2024 年 2 月）

二、磷酸铁锂电池装机占比近七成，优势地位进一步凸显

按照产品结构分析，2023 年，中国磷酸铁锂电池市场份额由 2022 年的 62.3% 增长到 67.3%，优势地位进一步凸显。三元电池装机量为 125.0GW·h，市场份额由 2022 年的 37.5% 降低到 32.5%。按照销售额分析，2023 年，

受碳酸锂价格大幅下跌影响，中国磷酸铁锂电池销售额为 2204.9 亿元，同比下降 7.7%。三元电池销售额为 1562.5 亿元，同比下降 5.7%（见表 5-3、图 5-5）。

表 5-3　2023 年动力电池市场应用结构

产　品	装机量（GW·h）	装机量增长率	销售额（亿元）	销售额增长率
磷酸铁锂电池	259.4	41.1%	2204.9	−7.7%
三元电池	125.0	13.2%	1562.5	−5.7%
其他	0.8	100%	84.6	94.5%
合计	385.2	30.8%	3852	−5.8%

数据来源：赛迪顾问整理　2024 年 2 月

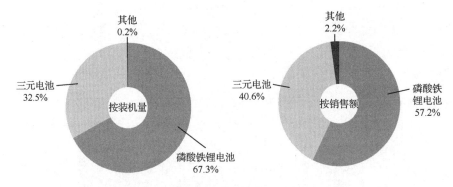

图 5-5　2023 年中国动力电池市场产品结构

（数据来源：赛迪顾问，2024 年 2 月）

三、中南、华东和西北地区稳居动力电池市场三甲

动力电池市场区域分布与新能源汽车产业区域分布基本一致。2023 年，华北、华东和中南三个地区是动力电池市场发展最为领先的区域，动力电池装机规模保持领先地位，市场份额分别达到 44.0%、36.4% 和 11.1%，具体来看，在中南地区，广东、湖南、广西三地动力电池装机量占比超 90%。华东地区的上海和安徽是主要市场，两地动力电池装机量占华东地区的 50% 以上（见图 5-6）。

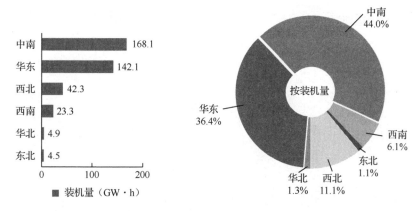

图 5-6 2023 年中国动力电池市场区域结构（按装机量）

（数据来源：赛迪顾问，2024 年 2 月）

第三节 产业链分析

动力电池产业链以动力电池生产应用为分界线，分前端、中端和后端。前端包括原料开采、材料生产，中端为电池制造，后端为电池回收（见图 5-7）。

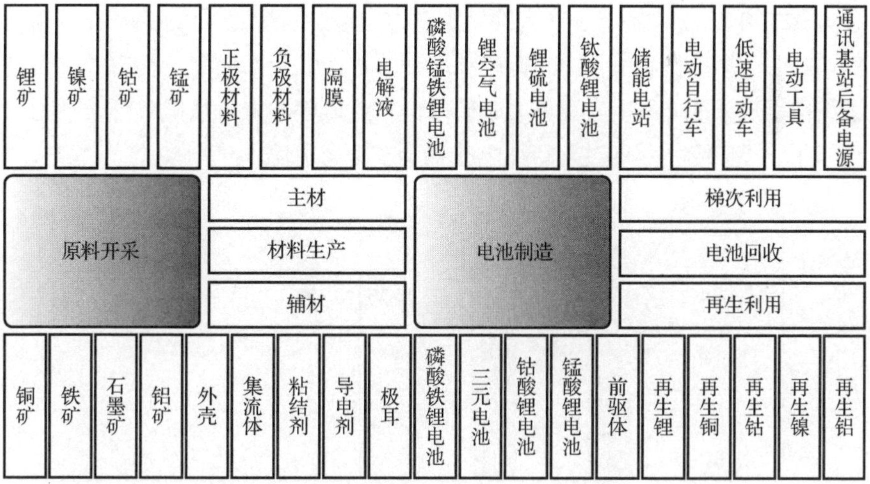

图 5-7 动力电池产业链全景图

（数据来源：赛迪顾问，2024 年 2 月）

一、纯电动乘用车装机量保持增长态势，但增速有所放缓

2023 年，纯电动乘用车动力电池装机量达 245.1GW·h，仍保持增长态

势，但受到现阶段充换电基础设施建设不完善、动力电池低温性能受限等因素的影响，部分市场份额被插电式混合动力乘用车替代，增速有所放缓，增速从 2021 年的 182.4%和 2022 年的 89.0%下降到了 6.1%（见图 5-8）。

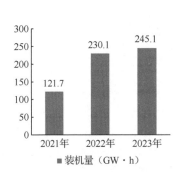

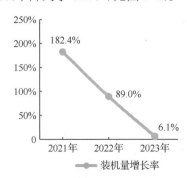

图 5-8　2021—2023 年中国纯电动乘用车市场动力电池装机规模及其增长率

（数据来源：赛迪顾问，2024 年 2 月）

二、插电式混合动力乘用车热度持续升高，动力电池装机增速达 189.0%

2023 年，插电式混合动力乘用车动力电池装机量达 90.0GW·h，连续三年实现了爆发性增长，增幅远超纯电动乘用车。相对而言，插电式混合动力乘用车更能适应冬季低温环境，售价也相对低廉，未来插电式混合动力乘用车动力电池装机量有望赶超纯电动乘用车型（见图 5-9）。

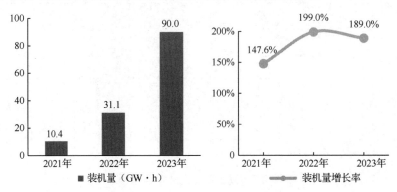

图 5-9　2021—2023 年中国插电式混合动力乘用车市场动力电池装机规模及其增长率

（数据来源：赛迪顾问，2024 年 2 月）

三、新能源商用车装机量快速提升

现阶段，在交通运输企业降本增效需求明显、下游市场需求旺盛等多重因素驱动下，车企开始陆续布局包括新能源轻卡在内的商用车，中国新能源商用车渗透率持续提升。2023 年，中国新能源商用车动力电池装机量为45.0GW·h，同比增长 37.1%（见图 5-10）。

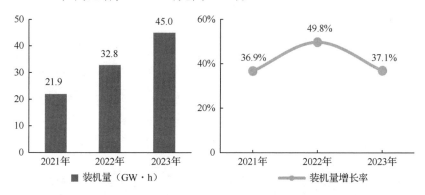

图 5-10 2021—2023 年中国新能源商用车市场动力电池装机规模及其增长率

（数据来源：赛迪顾问，2024 年 2 月）

第四节 存在的问题

一、充电基础设施网络建设不均衡仍是阻碍动力电池产业发展的关键因素

近年来，随着国家对新能源汽车产业的大力支持，中国充电基础设施网络建设取得了显著进展，但仍然面临诸多问题。比如，充电网络的地理分布存在不均衡现象，东部沿海地区和经济发展活跃的城市充电设施相对完善，而在中西部和乡村地区等充电基础设施较为薄弱的地区，新能源汽车则很难大面积普及。另外，充电桩中慢充桩的比例较高，导致新能源汽车的充电效率较低，也成为消费者购买新能源汽车的顾虑之一。上述多种因素制约了动力电池市场发展。

二、欧美出台相关动力电池出口政策，中国动力电池产业链出海或受阻碍

欧盟与美国相继发布新法规，大幅提高了中国动力电池产业链的出海门

槛。欧盟《新电池法》明确，动力电池以及可充电工业电池进入欧盟市场的前提是提供相应的碳足迹声明、碳足迹标签，以及数字电池护照；美国出台的 IRA 法案则更为严苛，明确"自 2024 年起，电动汽车不得采用中国、俄罗斯等国家制造的电池零部件，以及在上述国家提炼、加工及回收电池关键矿物原材料，否则无法获得税收抵税资格。"在此背景下，中国动力电池海外市场拓展或将受到重重阻碍。

三、技术瓶颈制约动力电池市场发展

中国动力电池企业在技术研发方面持续加大投入，不断推进材料、设计和制造工艺等方面的创新，但制约行业发展的主要问题尚未得到突破，对市场的影响主要体现以下几个方面：续航提升困难，当前动力电池的能量密度有限，以及低温下电池容量变低，导致新能源汽车的续航里程受限，影响了消费者购买意愿；快充技术不成熟，影响了新能源汽车的使用便利性和市场接受度；安全性不足，电池在使用过程中出现安全事故或性能衰减影响消费者信心，限制了市场需求的扩大。

第五节 措施建议

一、优化电池回收产业顶层设计

动力电池的使用年限一般为 5～8 年，随着动力电池装机量的稳步提升，未来几年，中国即将进入动力电池大规模退役阶段，因此加强对电池回收产业的顶层设计具有必要性。建议政府通过税收减免、绿色金融政策等手段，鼓励相关方参与电池回收。其次，建立健全电池回收的监管机制，加强对电池回收企业的监督检查，确保电池回收的合规性和安全性。最后，设立电池回收专项资金，用于支持电池回收技术的研究、推广和应用。

二、建议积极布局海外市场

2023 年，原材料碳酸锂价格跌超 70%，动力电池制造商库存面临贬值风险；同时下游新能源汽车促销力度增大，价格跌幅近 10%，新能源汽车企业面临严峻的销售挑战，转而向动力电池制造商压缩采购价格。在上下游的双重压力之下，生产规模较小和缺少客户资源的动力电池制造商可能面临加速淘汰的局面，因而降本对于动力电池厂商成为更加重要的提升竞争力的方

式。未来，建议电池企业通过引进智能化锂电池产线、优化供应链等方式降低成本，提升市场竞争力。

三、积极推动动力电池技术创新与研发

创新是动力电池产业发展的重要动力。现阶段，中国动力电池产品创新步伐放缓，能量密度和循环寿命等方面性能提升进入瓶颈期。在此背景下，建议政府鼓励和支持企业加大在动力电池关键材料、单体电池设计、系统集成技术等方面的研发投入，提升动力电池的综合性能。同时，积极推动产学研合作，加快动力电池下一代技术和产品的产业化进程。

第六章

清洁能源装备

清洁能源装备是将清洁能源转换为电力的装备，它是构建现代能源体系的核心支撑，具有系统性强、集成创新要求高、研发应用周期长等特点，是高端重型装备的重要组成部分。清洁能源装备主要包括光伏装备、风能装备、核能装备、水电装备、天然气装备、地热能装备、生物质能装备、海洋能装备和氢能装备等。随着各国提出能源转型，清洁能源装备产业规模呈现持续稳步上升趋势，其各细分产业呈现不同发展态势，其中，光伏装备、风能装备、核能装备、水电装备等发展较为快速，地热能装备、海洋能装备等仍未实现规模化生产。

第一节　全球发展综述

一、全球清洁能源装备产业处于快速增长阶段

全球正处于能源转型中，对清洁能源装备的需求持续增加。2021—2023年，全球清洁能源装备产业处于快速增长阶段，2023年，全球清洁能源装备产业规模达 3402.6 亿美元，同比增长 10.9%（见图 6-1）。

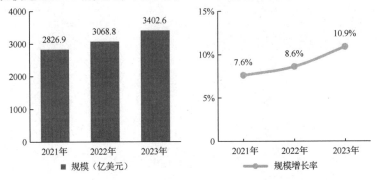

图 6-1　2021—2023 年全球清洁能源装备产业规模与其增长率

（数据来源：赛迪顾问，2024 年 5 月）

二、光伏装备在产业结构中占比最大

2023 年，全球光伏装备产业发展较快，产业规模为 1633.8 亿美元，占全球清洁能源装备总规模的比重为 48.0%。风能装备产业规模为 774.6 亿美元，占比为 22.8%。天然气装备、地热能装备、生物质能装备、海洋能装备和氢能装备等产业或处于发展初期，或未形成规模化，产业规模占比较小，其产业规模总和占比为 11.6%（见图 6-2）。

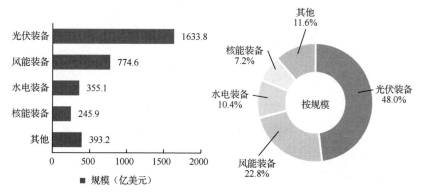

图 6-2　2023 年全球清洁能源装备产业结构

（数据来源：赛迪顾问，2024 年 5 月）

三、亚太地区清洁能源装备产业规模全球领先

目前，亚太地区清洁能源装备产业规模世界领先，其光伏装备产业链完善，产能持续扩张，技术水平全球领先。2023 年，亚太地区清洁能源装备产业规模为 2204.7 亿美元，占比已超六成（见图 6-3）。

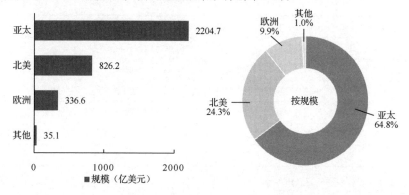

图 6-3　2023 年全球清洁能源装备产业区域结构

（数据来源：赛迪顾问，2024 年 5 月）

四、清洁能源装备技术不断突破

清洁能源装备各细分领域技术不断突破。其中，光伏装备领域技术迭代升级较快，P 型电池转换效率已接近天花板，短期看，N 型电池将是主要技术路线，长期看，由于具有高转换效率、重量轻、价格低等特点，钙钛矿电池可能成为未来的主流技术路线。核电装备领域，全球首座第四代核电站已正式投入商业化运营。

第二节　中国发展概况

一、政策不断加码推动清洁能源装备产业健康发展

中国清洁能源资源丰富，清洁能源装备产业发展潜力巨大。近三年，国家有关部门出台多项清洁能源装备产业相关政策以推动该产业健康、规范、高质量发展。2023 年，国家发展改革委等五部门印发了《关于加快建立产品碳足迹管理体系的意见》，提出制定产品碳足迹核算规则标准、加强碳足迹背景数据库建设、建立产品碳标识认证制度等重点任务，助力中国清洁能源装备产业应对贸易壁垒。国家发展改革委等六部门颁布了《关于促进退役风电、光伏设备循环利用的指导意见》，提出"到 2025 年，集中式风电场、光伏发电站退役设备处理责任机制基本建立，退役风电、光伏设备循环利用相关标准规范进一步完善，资源循环利用关键技术取得突破。"这为我国风电、光伏等清洁能源装备循环利用提供了政策保障（见表 6-1）。

表 6-1　2021—2023 中国清洁能源装备产业主要政策

颁 布 时 间	颁 布 主 体	政 策 名 称
2021 年	国务院	《2030 年前碳达峰行动方案》
2022 年	国家能源局、科学技术部	《"十四五"能源领域科技创新规划》
2022 年	工业和信息化部等五部门	《加快电力装备绿色低碳创新发展行动计划》
2023 年	国家发展改革委等五部门	《关于加快建立产品碳足迹管理体系的意见》
2023 年	国家发展改革委等六部门	《关于促进退役风电、光伏设备循环利用的指导意见》
2023 年	工业和信息化部等六部门	《关于推动能源电子产业发展的指导意见》

数据来源：赛迪顾问，2024 年 5 月

二、产业规模快速增长

中国是清洁能源装备产销大国，2023 年，中国光伏设备技术加快迭代升级，其原材料、零部件、整机产量、产能均居世界第一；风电装备产业规模持续扩张，头部企业的全球市场占有率逐步提升。2023 年，中国清洁能源装备产业规模为 8317.5 亿元，同比增长 11.7%（见图 6-4）。

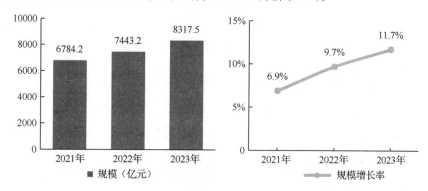

图 6-4　2021—2023 年中国清洁能源装备产业规模与其增长率

（数据来源：赛迪顾问，2024 年 5 月）

三、光伏装备产业规模领先

中国光伏装备产业链完善，技术领先，产业规模较大，2023 年，中国光伏装备产业规模高达 4656.2 亿元，占比超 50%。2023 年，中国风能装备产业规模持续扩张，为 2120.7 亿元，占比为 25.5%（见图 6-5）。

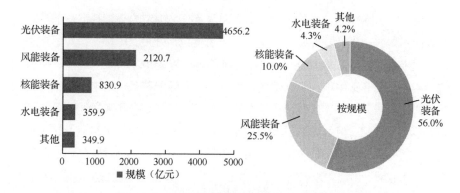

图 6-5　2023 年中国清洁能源装备产业结构

（数据来源：赛迪顾问，2024 年 5 月）

四、西北、西南地区产业规模占全国比重已超三成

从区域分布来看,清洁能源装备产业向西北、西南地区转移的趋势明显。华东地区清洁能源装备产业规模为 3817.6 亿元,占比为 45.9 %,较 2022 年下降了 2.7 个百分点。西南、西北地区能源资源丰富,清洁能源装备企业逐步向西南、西北地区转移,西南、西北地区清洁能源装备产业规模呈逐步扩张趋势。2023 年,西南地区清洁能源装备产业规模为 1433.6 亿元,占比为 17.2%,较 2022 年上升了 0.4 个百分点,西北地区清洁能源装备产业规模为 1311.6 亿元,占比为 15.8%,较 2022 年上升了 1.2 个百分点(见图 6-6)。

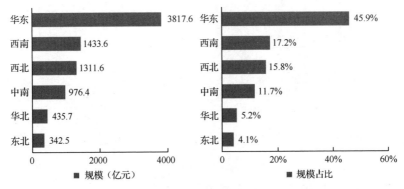

图 6-6　2023 年中国清洁能源装备产业区域结构

(数据来源:赛迪顾问,2024 年 5 月)

第三节　产业链分析

清洁能源装备产业链由上游的零部件及系统,中游的整机制造及下游的运营与应用构成。上游零部件及系统环节中主要包括叶片、主轴、齿轮、主泵、水轮发电机、高压球罐、压裂设备、电池组件、焚烧炉、新型电解槽、锚泊系统、液压系统等;中游整机制造包括风能装备、核能装备、水电装备、天然气装备、地热能装备、光伏装备、生物质能装备、氢能装备和海洋能装备;下游主要包括水电站、风能电站、光伏电站、核电站和其他电站的运营及在工业、商业、居民及其他领域的应用。其中,中国光伏装备技术全球领先,目前存在多种技术路线,出口需求较大,中国光伏企业全球竞争力较强;风能装备主轴、叶片、塔筒等零部件技术先进,轴承等零部件技术仍有待突破,由于风能装备具有明显的运输半径,故目前大多风机整机企业贴近市场建设生产基地;氢能装备处于发展初期,高压储运等装备均需突破(见图 6-7)。

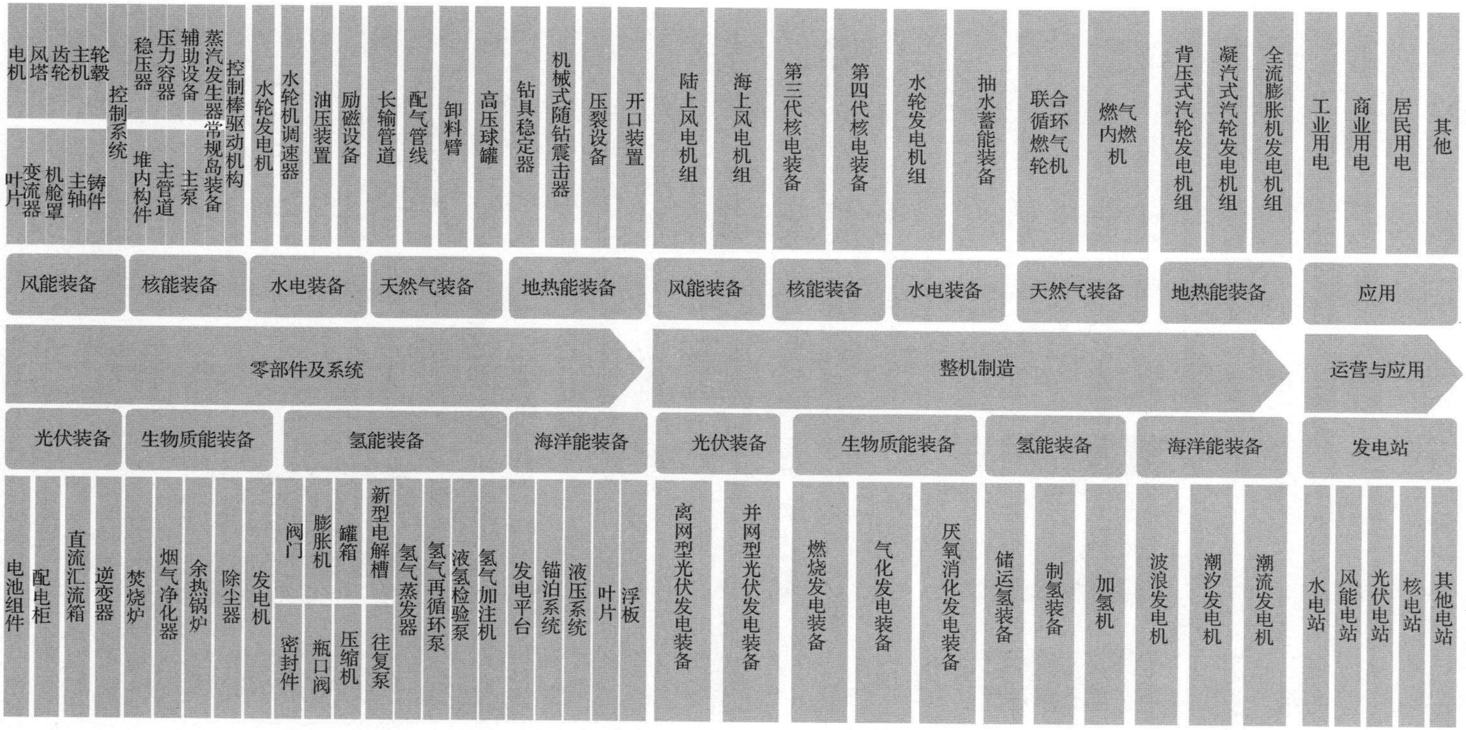

图 6-7　清洁能源装备产业链图

（数据来源：赛迪顾问，2024 年 5 月）

一、清洁能源装备零部件及系统产业规模持续上升

2023 年，受中游整机需求增加影响，清洁能源装备零部件及系统产业规模持续增加，其产业规模为 5337.3 亿元，同比增长 7.9%。但光伏装备、风能装备等整机企业目前处于低价竞争态势，相关零部件和系统的利润受到严重压缩（见图 6-8）。

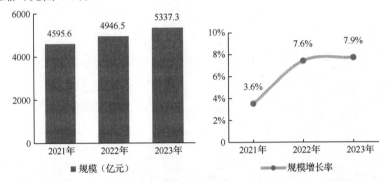

图 6-8　2021—2023 年中国清洁能源装备零部件及系统产业规模与其增长率
（数据来源：赛迪顾问，2024 年 5 月）

二、下游需求持续增加推动清洁能源装备产业快速发展

近年来，清洁能源发电量整体呈快速增长趋势，逐步成为中国电力供应的重要组成部分。2023 年，中国清洁能源发电量达 31906.0 亿千瓦时，同比增长 7.8%。风能和光伏总发电量为 14700.2 亿千瓦时，占比为 46.1%，其中，风能发电量同比上涨 16.2%，光伏发电量同比增长 36.7%。清洁能源发电需求的不断增长将持续推动各领域装备的增长（见图 6-9）。

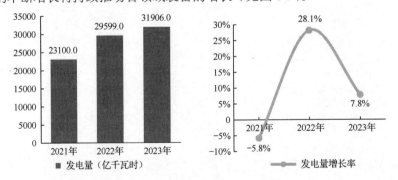

图 6-9　2021—2023 年中国清洁能源发电量与其增长率
（数据来源：赛迪顾问，2024 年 5 月）

第四节　存在的问题

一、部分关键核心技术亟待突破仍是清洁能源装备产业面临的重点问题

中国清洁能源装备已取得快速发展，部分细分领域技术领先，但仍有部分关键核心零部件需要进口。在风电装备领域，部分高端零部件仍需进口，海上风机整体水平与国外仍有差距，尚未形成以技术优势为导向的成本优势。在氢能装备领域，绿氢大规模制备、高压储氢装备等领域仍有待进一步突破。

二、碳足迹核算及追踪将影响我国清洁能源装备产业发展

当前，多国已开始关注清洁能源装备产品的碳足迹追踪，法国 CRE 法案要求在光伏项目招标中，环境影响因素占比为 18%～30%，欧盟已发布光伏产品碳足迹规则，部分欧洲电力公司在招标过程中，要求提供风能装备、光伏装备等清洁能源装备的碳足迹信息，并将其作为招标采购决策的重要基准。目前，全球尚未构建统一、权威的清洁能源装备产品碳足迹核算方法和标准，我国清洁能源装备出海面临不同国家（地区）不同的碳足迹衡量标准，这将对我国清洁能源装备产业发展产生一定影响。

第五节　措施建议

一、明确定位，统筹规划清洁能源装备产业，实现错位发展

清洁能源装备产业发展是一项具有系统性、前瞻性、指导性的工程。目前，风能、光伏、氢能等清洁能源处于快速发展期，广东、四川、山东、内蒙古、甘肃、辽宁、青海、江苏等多地大力支持发展清洁能源装备产业，部分省（自治区）在发展清洁能源装备产业时，统筹规划不足，未详细规划各市发展的具体环节，不能高效指导清洁能源装备产业发展，各市之间"以我为主，各自为政"的现象明显，竞争性强，协同效应弱。建议政府对各市清洁能源装备产业发展进行统筹规划，避免同质化竞争。

二、大力提升电网消纳能力，促进清洁能源装备产业发展

光伏、风力发电具有随机性、间歇性及波动性，当前风能、光伏等已开

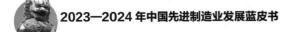

启大规模并网，但由于电网建设周期较长，配套的消纳能力相对滞后，弃风弃光问题显著。清洁能源发电的消纳问题直接影响清洁能源发电项目的投资建设水平，直接影响相关企业对清洁能源装备的需求水平。建议加强特高压电网的规划，持续推进特高压电网建设，解决清洁能源发电需求与供给的错配问题，提升电网数字化、智能化水平，提升清洁能源消纳能力。

三、聚焦企业科技研发，推动清洁能源装备大中小企业协同创新

创新在企业发展中占据主导地位，应大力提升企业的自主创新能力。目前，清洁能源装备市场多以低价竞争为主，部分清洁能源装备企业处于价值链低端，企业利润较低，部分中小企业无力支撑研发投入，从而导致企业产品不具有核心竞争力，形成恶性循环。建议重点大型企业发挥带动作用，围绕产业链积极进行协同创新，中小企业充分利用资源共享服务平台、科技成果转化平台、科技金融生态圈平台、科技人才地图平台等公共服务平台，提升自身的创新能力。

第七章

机器人

2023 年，在部分新兴经济体制造业快速发展和发达国家服务业用工短缺的影响下，全球机器人市场规模增速略有回升，亚太地区机器人市场规模优势突出，全球机器人龙头企业纷纷加力布局机器人与人工智能融合技术。在中国市场，部分机器人终端用户推迟了大批量采购机器人计划，但机器人大模型、人形机器人等新技术、新产品不断涌现，为机器人产业带来重要增量。加之中国机器人企业进一步攻入原属于国际龙头企业的高端市场，并在全球市场竞争中持续取得突破，中国机器人产业规模增速有望在 2024 年和 2025 年进一步提高。

第一节　全球发展综述

一、全球机器人产业规模增速企稳回升

2023 年，全球机器人产业规模持续增长，达到 521.7 亿美元。虽然世界经济整体复苏乏力影响了机器人产业的发展，但在部分新兴经济体制造业快速发展和发达国家服务业用工短缺的带动下，全球机器人产业规模增速略有回升，增长率为 14.6%（见图 7-1）。

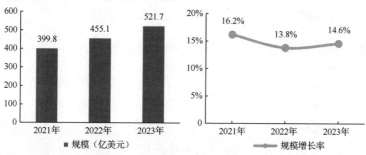

图 7-1　2021—2023 年全球机器人产业规模与其增长率

（数据来源：赛迪顾问，2024 年 2 月）

二、服务机器人产业规模快速增长

2023 年，发达国家专业服务人员用工短缺的问题进一步凸显，驱动许多服务机构购买机器人产品，同时家庭服务机器人进一步深入发达国家居民的日常生活，全球服务机器人产业规模增长至 210.3 亿美元，占机器人产业规模的比例提升至 40.3%。同时，工业机器人和特种机器人产业规模总体保持平稳增长，规模占比分别为 36.2%和 23.5%（见图 7-2）。

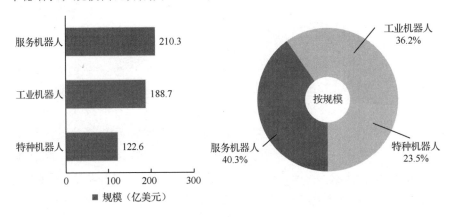

图 7-2　2023 年全球机器人产业结构

（数据来源：赛迪顾问，2024 年 2 月）

三、亚太地区机器人产业规模优势突出

2023 年，中国机器人产业规模稳步增长，印度等新兴机器人产业增速突出，受此带动亚太地区机器人产业规模增长至 334.4 亿美元，规模占比为 64.1%。同时，受地缘政治冲突影响，欧洲地区机器人产业规模增速放缓，北美地区则在墨西哥制造业快速发展和美国汽车行业周期性更新机器人设备的影响下机器人产业规模增速提高（见图 7-3）。

四、国际龙头企业的领先优势依旧明显

在工业机器人领域，欧洲和日本等工业发达国家和地区技术实力突出，培育出一批工业机器人巨头企业，其中瑞士 ABB、德国库卡（KUKA）、日本安川（YASKAWA）和发那科（FANUC）被称为工业机器人"四巨头"，在行业内具有显著的实力优势。2023 年 ABB 工业机器人业务营收大幅增长，市场占比提高至 19.3%，发那科、库卡和安川分列 2～4 名，"四巨头"合计

营收规模为 107.1 亿美元，占全球工业机器人市场规模的比例达到 56.8%。此外，国际领先企业还包括日本的那智（NACHI）不二越、川崎（KAWASAKI）、松下（Panasonic）、爱普生（DENSOEPSON），瑞士的史陶比尔（STAUBLI）、意大利的柯马（COMAU）等。中国工业机器人企业如埃斯顿、汇川技术、埃夫特，以及一批移动机器人及仓储物流系统集成企业等在国际市场的竞争力逐步提高（见表 7-1）。

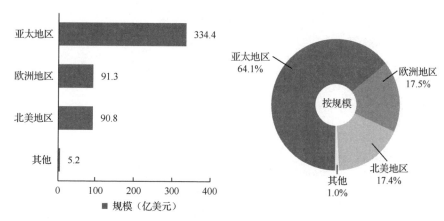

图 7-3　2023 年全球机器人产业区域结构

（数据来源：赛迪顾问，2024 年 2 月）

表 7-1　2023 年全球机器人市场 TOP4 企业排名（工业机器人业务）

排　名	企业名称	国家	营收（亿美元）	营收占比
1	ABB	瑞士	36.4	19.3%
2	发那科	日本	25.5	13.5%
3	库卡	德国	24.5	13.0%
4	安川	日本	20.7	11.0%

数据来源：赛迪顾问，2024 年 2 月。

第二节　中国发展概况

一、大力推动机器人产品广泛应用和人形机器人产业创新发展

2023 年 1 月，工业和信息化部等十七部门联合印发了《"机器人+"应用行动实施方案》，提出"聚焦 10 大应用重点领域，突破 100 种以上机器人创

新应用技术及解决方案，推广 200 个以上具有较高技术水平、创新应用模式和显著应用成效的机器人典型应用场景，打造一批"机器人+应用"标杆企业，建设一批应用体验中心和试验验证中心"等目标，并具体部署了构建机器人产用协同创新体系等五项措施以增强"机器人+"应用基础支撑能力。

2023 年 11 月，为加速集聚资源推动关键技术创新、助力人形机器人产业高质量发展，工业和信息化部印发《人形机器人创新发展指导意见》（以下简称"意见"），提出了"到 2025 年，人形机器人创新体系初步建立，'大脑、小脑、肢体'等一批关键技术取得突破，确保核心部组件安全有效供给。整机产品达到国际先进水平，并实现批量生产，在特种、制造、民生服务等场景得到示范应用，探索形成有效的治理机制和手段。培育 2～3 家有全球影响力的生态型企业和一批专精特新中小企业，打造 2～3 个产业发展集聚区，孕育开拓一批新业务、新模式、新业态。"和"到 2027 年，人形机器人技术创新能力显著提升，形成安全可靠的产业链供应链体系，构建具有国际竞争力的产业生态，综合实力达到世界先进水平。产业加速实现规模化发展，应用场景更加丰富，相关产品深度融入实体经济，成为重要的经济增长新引擎。"《意见》同时部署了突破关键技术、培育重点产品、拓展应用场景、营造产业生态和强化支撑能力五大重点任务，还为顺利推进该政策的落地实施提出了四项保障措施。

表 7-2　2021—2023 年中国机器人产业主要政策

颁 布 时 间	颁 布 主 体	政 策 名 称
2021 年	工业和信息化部、国家发展和改革委员会等八部门	《"十四五"智能制造发展规划》
2021 年	工业和信息化部、国家发展和改革委员会、科学技术部等十五部门	《"十四五"机器人产业发展规划》
2022 年	工业和信息化部办公厅、农业农村部办公厅、国家卫生健康委员会办公厅、国家矿山安全监察局综合司	《关于公布农业、建筑、医疗、矿山领域机器人典型应用场景名单的通知》
2022 年	工业和信息化部办公厅、国家体育总局办公厅	《关于征集智能体育典型案例的通知》
2022 年	工业和信息化部办公厅、住房和城乡建设部办公厅、交通运输部办公厅、农业农村部办公厅、国家能源局综合司	《关于开展第三批智能光伏试点示范活动的通知》

颁 布 时 间	颁 布 主 体	政 策 名 称
2022 年	工业和信息化部办公厅、民政部办公厅、国家卫生健康委办公厅	《关于组织开展 2022 年智慧健康养老产品及服务推广目录申报工作的通知》
2023 年	工业和信息化部、教育部、公安部等十七部门	《"机器人+"应用行动实施方案》
2023 年	工业和信息化部、科技部、国家能源局、国家标准化管理委员会	《新产业标准化领航工程实施方案（2023—2035 年）》
2023 年	工业和信息化部办公厅	《关于组织开展 2023 年未来产业创新任务揭榜挂帅工作的通知》
2023 年	工业和信息化部	《人形机器人创新发展指导意见》

数据来源：赛迪顾问，2024 年 2 月。

二、中国机器人产业规模增速企稳回升

2023 年，世界经济增长动能不足，中国经济虽然总体回升向好，但同时面临有效需求不足、部分行业产能过剩、社会预期偏弱等问题，部分机器人终端用户仅维持现有使用规模、推迟了大批量采购计划。在政府、资本等多方大力支持下，机器人大模型、人形机器人等新技术和产品不断涌现，为机器人产业带来重要增量。2023 年中国机器人产业规模增速企稳回升，但并未出现大幅反弹，2023 年产业规模为 3064.3 亿元，增长率为 19.8%（见图 7-4）。

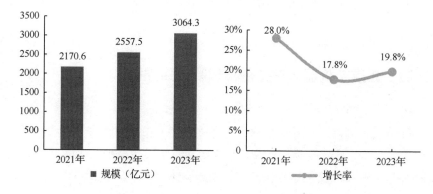

图 7-4　2021—2023 年中国机器人产业规模与其增长率

（数据来源：赛迪顾问，2024 年 2 月）

三、工业机器人规模占比进一步下降

2023 年，作为工业机器人重要的应用领域，中国汽车行业新建产线速度减缓，3C 电子行业未出现明显回暖，在新能源尤其是光伏行业的带动下，中国工业机器人产业规模总体维持增长但增速相对落后，2023 年产业规模为 2305.8 亿元，规模占比降低至 75.2%。同时，在居民消费恢复增长的带动下，服务机器人产业规模增长至 577.1 亿元，增长率回升至 35.0%。特种机器人产业规模随着新技术应用和新产品开发进程稳步增长，但受到警察、消防等部门预算收紧的影响规模增速略有降低，2023 年产业规模为 181.4 亿元，同比增长 30.0%（见图 7-5）。

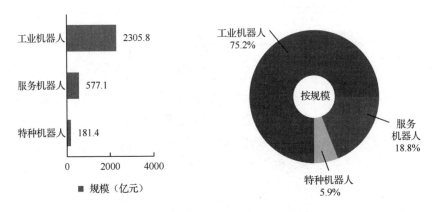

图 7-5　2023 年中国机器人产业结构
（数据来源：赛迪顾问，2024 年 2 月）

四、北京市机器人产业规模追赶势头强劲

2023 年，北京以打造国内领先、国际先进的机器人产业集群为目标，加紧布局人形机器人产业，着力提升医疗健康、协作、特种和物流机器人产业发展水平，产业规模增长至 208.4 亿元，规模占比提升至 6.8%。广东机器人产业规模继续位居全国之首，长三角地区江苏、上海、浙江和安徽等省（市）机器人产业规模持续快速增长，而产业规模较小地区的规模增速也有所降低。

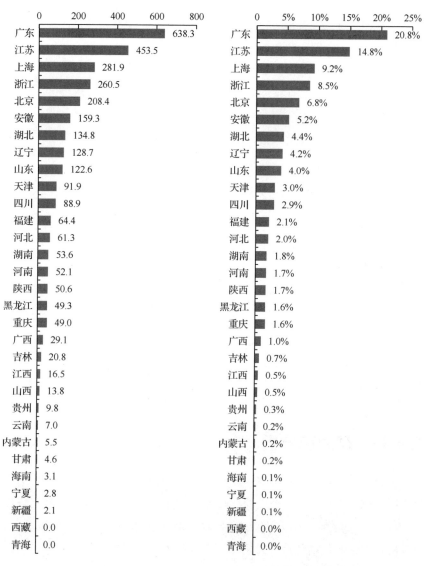

	规模（亿元）		规模占全国比重
广东	638.3	广东	20.8%
江苏	453.5	江苏	14.8%
上海	281.9	上海	9.2%
浙江	260.5	浙江	8.5%
北京	208.4	北京	6.8%
安徽	159.3	安徽	5.2%
湖北	134.8	湖北	4.4%
辽宁	128.7	辽宁	4.2%
山东	122.6	山东	4.0%
天津	91.9	天津	3.0%
四川	88.9	四川	2.9%
福建	64.4	福建	2.1%
河北	61.3	河北	2.0%
湖南	53.6	湖南	1.8%
河南	52.1	河南	1.7%
陕西	50.6	陕西	1.7%
黑龙江	49.3	黑龙江	1.6%
重庆	49.0	重庆	1.6%
广西	29.1	广西	1.0%
吉林	20.8	吉林	0.7%
江西	16.5	江西	0.5%
山西	13.8	山西	0.5%
贵州	9.8	贵州	0.3%
云南	7.0	云南	0.2%
内蒙古	5.5	内蒙古	0.2%
甘肃	4.6	甘肃	0.2%
海南	3.1	海南	0.1%
宁夏	2.8	宁夏	0.1%
新疆	2.1	新疆	0.1%
西藏	0.0	西藏	0.0%
青海	0.0	青海	0.0%

图 7-6　2023 年中国机器人产业按省级行政区分布
（数据来源：赛迪顾问，2024 年 2 月）

五、机器人零部件及软件环节增速领先

工业机器人方面，受到大负载工业机器人增速相对较高的影响，高性能伺服驱动系统、RV 减速器等零部件需求量持续走高，受到协作机器人应用

愈发广泛的影响，传感器和智能一体化关节等零部件产品不断涌现，带动工业机器人零部件及软件环节规模增速相对领先。在服务机器人领域，随着软件算法智能化水平的提升，以及零部件稳定性的提升，相关产品被消费者接纳程度进一步提高，在其带动下服务机器人产业规模增速止跌回升，整体领先于工业和特种机器人。而特种机器人受到外界环境影响相对较小，随着关键技术和产品创新进程持续推进，特种机器人应用规模不断拓展，产业规模稳步增长（见表 7-3）。

表 7-3　2022 年中国无人机产业重点产品结构

产 业 领 域	产业链环节	2023 年规模（亿元）
工业机器人	零部件及软件	177.8
	本体制造	512.9
	系统集成	1615.1
服务机器人	零部件及软件	289.1
	本体/集成制造	288.0
特种机器人	零部件及软件	84.9
	本体/集成制造	96.5

数据来源：赛迪顾问，2024 年 2 月

第三节　产业链分析

机器人产业链主要包括零部件及软件、本体/集成制造以及行业/场景应用等三大环节，每个大环节又分别以工业、服务和特种机器人分为三个小领域。零部件及软件：工业机器人领域包括伺服驱动系统、控制器和减速器等，服务机器人领域包括芯片、人机交互模块和人工智能模块等，特种机器人领域包括自主导航模块、通信模块和电池等。本体/集成制造：在工业机器人领域包括本体制造和系统集成两个小环节，其中本体制造包括多关节机器人、极坐标机器人和并联机器人等，系统集成包括应用工具包、离线编程与系统仿真和集成设计服务等；服务机器人领域包括农业机器人、矿业机器人和医疗康复机器人等；特种机器人领域包括水下机器人、安防机器人和危险环境作业机器人等。行业/场景应用：在工业机器人领域包括汽车、电子电器和金属加工等，在服务机器人领域包括农场、矿山和医疗机构等，在特种机器人领域包括海洋、火灾现场和反恐防暴现场等（见图 7-7）。

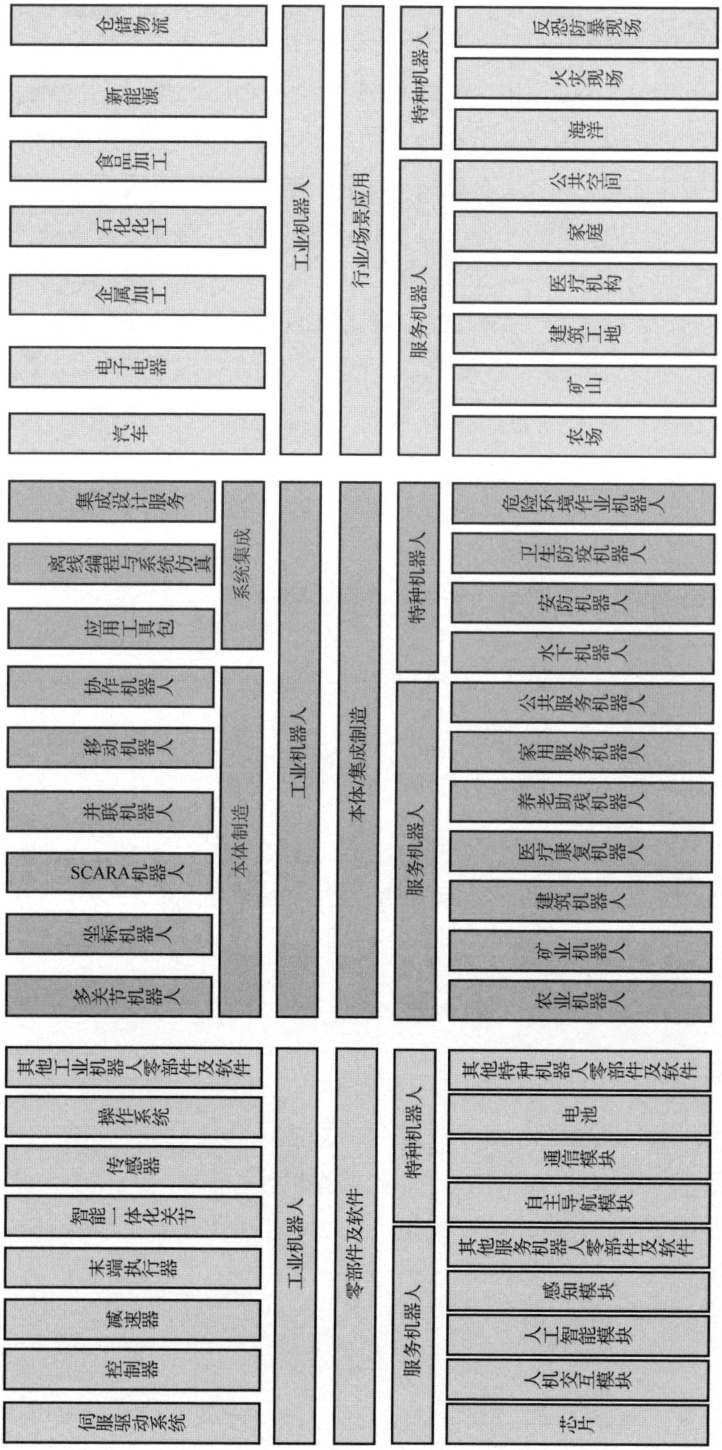

工业机器人

零部件及软件：伺服驱动系统、控制器、减速器、末端执行器、智能一体化关节、传感器、操作系统、其他工业机器人零部件及软件

本体制造：多关节机器人、坐标机器人、SCARA机器人、并联机器人、移动机器人、协作机器人、应用工具包

系统集成：离线编程与系统仿真、集成设计服务

行业场景应用：汽车、电子电器、金属加工、石化化工、食品加工、新能源、仓储物流

特种机器人

零部件及软件：其他特种机器人零部件及软件、电池、通信模块、自主导航模块

本体/集成制造：水下机器人、安防机器人、卫生防疫机器人、危险环境作业机器人

行业场景应用：海洋、火灾现场、反恐防爆现场

服务机器人

零部件及软件：芯片、人机交互模块、人工智能模块、感知模块、其他服务机器人零部件及软件

本体/集成制造：农业机器人、矿业机器人、建筑机器人、医疗康复机器人、养老助残机器人、家用服务机器人、公共服务机器人

行业场景应用：农场、矿山、建筑工地、医疗机构、家庭、公共空间

图 7-7　机器人产业链全景图

（数据来源：赛迪顾问，2024 年 2 月）

一、零部件及软件

2023 年，随着机器人智能化水平的进一步提高，视觉传感器、力传感器、智能一体化关节等零部件和环境感知模块、任务决策模块、导航规划模块等软件环节的增长显著加快，数家其他领域科技巨头跨界入局开发人工智能模块。同时，在人形机器人热潮的影响下，空心杯电机、行星丝杠等伺服驱动系统的部组件，仿人灵巧手等特殊末端执行器，以及智能感知、规划、决策芯片等新型控制器技术研发和产品开发进程显著加快，已有部分企业开始着力扩增产能。2023 年中国机器人零部件及软件产业规模为 551.8 亿元，规模增长率为 29.1%。

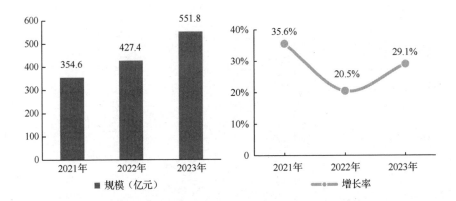

图 7-8　2021—2023 年中国机器人零部件及软件产业规模与其增长率
（数据来源：赛迪顾问，2024 年 2 月）

二、本体与集成制造

2023 年，部分机器人下游制造业领域产能接近饱和甚至过剩，居民人均消费支出恢复增长但总体有效需求依然不足，中国机器人本体/集成制造产业增速虽出现反弹但仍然维持在相对较低水平。2023 年中国机器人本体/集成制造产业规模为 2512.5 亿元，增长率为 18.0%。

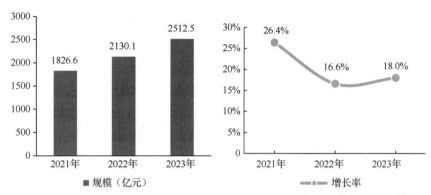

图 7-9 2021—2023 年中国机器人本体/集成制造产业规模与其增长率
（数据来源：赛迪顾问，2024 年 2 月）

第四节 存在的问题

一、多种基础部件及软件性能亟待优化

在基础部组件方面，近年来机器人的结构愈发紧凑，用户希望机器人能在更小空间内、以更轻的总重量、达成更强的性能，这对机器人的伺服电机、减速器、结构组件的总体性能和轻量化提出了更高要求。在感知系统和控制方面，近年来用户对机器人的智能感知、决策、行动和交互能力的期待越来越高，而目前新一代传感器、高算力智能控制器、智能控制算法和人工智能大模型等产品和技术尚不成熟，且用于训练迭代的实际场景数据积累不足。为进一步拓展市场、争取现在用户，多种机器人基础部件及软件性能需要取得显著突破。

二、高端工业机器人整机产品供给不足

随着下游应用行业的发展，很多用户对工业机器人的性能要求向着高速、高精度、重载和高可靠性的方向发展。但是目前中国工业机器人整体技术水平与外资品牌产品仍有差距，一是部分重要部组件性能有差距，二是在整机性能稳定性、批次一致性等方面也存在差距，因此在高端市场中占比相对有限，亟须提升技术实力、打造高端产品、赢取用户信任。

三、人形机器人高价值应用场景有局限

在工业场景中，多数任务需求多具有重复度高、负载大、精度要求高、

节拍紧凑连续等特点，在特种场景中，多数任务要求使用有限的能源长时间、高强度在水下、野外、火场等特殊环境中服役，人形机器人受限于其结构及功能特点在上述任务中并不具有优势。而在民生领域，与新能源汽车替代传统燃油汽车的发展路径不同，目前市面上并没有可以与人形机器人对标的已融入人类生活的产品，获取用户信任、建立使用习惯还需要一定时间。

第五节　措施建议

一、加力培育产业生态

建议政府主管部门应进一步完善规划和政策体系、着力营造产业生态，着力提升产业创新能力，编制机器人关键技术和产品发展路线图，在科技研发重大项目中增加机器人相关课题比例；着力夯实产业发展基础，统筹建设机器人算力中心、机器人检验检测中心等公共服务平台，提速行业标准研制工作；着力优化产业组织模式，大力培育具有全球竞争力的大型企业和具有特色优势的中小企业，引导产业协会等行业组织向集群促进机构转型升级，促进产业要素高效协同发展，打造机器人特色集聚区或先进制造业集群。同时，有意布局的地方政府应结合本地产业基础与资源禀赋，制定有针对性且可操作的机器人专项规划和政策措施，及早推动本地人形机器人产业扬帆起航。

二、积极开展示范应用

由简单到复杂分级建设测试场景，适时开展一批实际环境试点应用，支持企业在实地测试过程中寻找漏洞短板、积累关键数据、优化产品设计，并从控制算法、数据采集和存储、法律法规等多个层面探索完善安全保障机制，确保用户人身财产和数据信息安全。通过开展揭榜挂帅活动和发布推荐目录鼓励机器人企业潜心开发优质集成方案，通过建立示范应用保险补偿机制使用户敢于尝试机器人新产品，从而促进技术、产品和应用的融合发展。

三、持续增强创新能力

一是持续加大自身创新投入力度，从企业战略方向出发布局重点研发项目，大力建设创新人才梯队，注重分析和积累生产工艺经验，加强与高校院所的研发合作。二是重视布局上游基础部组件及软件环节，针对制约企业业

务发展的关键技术和产品，可以通过互相持股乃至合并收购的方式加强与上游企业协同创新，通过"高度信任、紧密如一"的配合打通两个不同行业领域之间的信息壁垒，从而缩短磨合过程、提升综合研发能力，并为未来规模化生产建立供应保障。

第八章

电子信息制造业

目前，全球电子信息制造业正在经历新旧动能的转换调整，以人工智能、光电子、新型显示等技术驱动的新型电子产品和服务需求不断扩大，促进着全球电子信息产业形成新的增长点。2023 年，面对全球经济增速放缓、消费电子市场疲软等环境，中国规模以上电子信息制造业效益逐步恢复，全年实现营业收入 15.1 万亿元，实现利润总额 6411 亿元。软件和信息技术服务业方面，中国总体运行态势稳步向好，全国规模以上企业超 3.8 万家，累计实现业务收入 12.3 万亿元，相较 2022 年增长 13.4%，近三年总体保持较高速度增长。预计未来 3 年，中国电子信息制造业发展将持续稳定向好，三年复合增长率预计保持在 5%左右。中国软件和信息技术服务业规模将保持较高速增长，预计到 2026 年整体规模将达到 18.4 万亿元。

第一节　全球发展综述

一、全球电子信息制造业正在经历新旧动能转换调整

2023 年，全球电子信息制造业产业规模为 78805.1 亿美元，增长率为 2.8%，总体处于增速收缩态势。目前，全球电子信息制造业正在经历新旧动能的转换调整，计算机、手机等传统电子消费产品出货量开始出现负增长，以人工智能、光电子、新型显示等技术驱动的智能可穿戴设备、智能家居产品以及传统行业数智化升级等需求不断扩大，牵引着全球电子信息产业形成新的增长点（见图 8-1）。

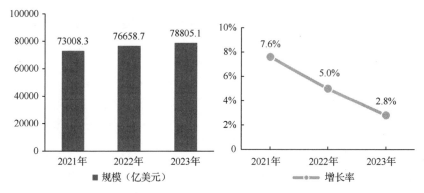

图 8-1　2021—2023 年全球电子信息制造业规模与其增长率

（数据来源：赛迪顾问，2024 年 2 月）

二、全球电子信息制造业区域格局基本保持稳定

从区域产业规模分布来看，全球电子信息制造业各区域占比结构基本保持稳定，2023 年，亚太（除日本）地区在全球电子信息制造业中仍占据重要位置，其产业规模为 34627.0 亿美元，占比全球 43.9%。北美和欧洲地区产业规模分别为 17266.2 亿美元和 16793.4 亿美元，占比分别为 21.9% 和 21.3%（见图 8-2）。

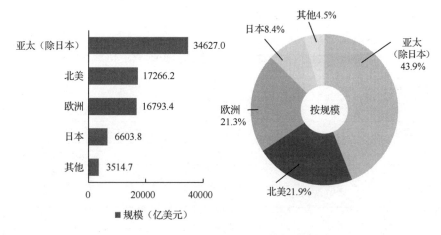

图 8-2　2023 年全球电子信息制造业区域结构

（数据来源：赛迪顾问，2024 年 2 月）

三、新型显示、脑机接口、人工智能等技术驱动人机交互模式变革

电子信息产业发展历程中，人与机器的交互方式从信息化时代用鼠标、键盘向计算机输入指令，到智能化时代可以通过手指触控甚至语音来完成交互，人与机器的交互模式正不断向着自然化和多元化发展。2023 年人工智能、脑机接口、新型显示等技术的发展驱动着人机交互模式新变革，大模型等人工智能技术更是让人类可以仅通过自然语言驱动机器完成文字创作、图像视频生成、编程等更为复杂的工作任务。在商业化落地方面，2023 年谷歌公司展示的新一代 Starline、苹果公司发布的 Vision Pro 以及将芯片植入人脑的 Neuralink 产品，这些创新突破同样向世界呈现了 3D 全息交互、虚拟现实交互以及脑机交互等下一代人机交互模式变革。

四、美国占据全球电子信息产业 TOP10 企业超半数席位

全球电子信息产业 TOP10 企业集中分布在美国、中国、韩国四个国家，其中美国有 6 家企业位列其中，中国 3 家、韩国 1 家。营业收入排名前四位的企业均为美国公司，分别是亚马逊、苹果公司、Alphabet 公司和微软。中国大陆企业有京东、阿里巴巴、华为。韩国进入 TOP10 的企业是作为大型消费电子类企业的三星（见表 8-1）。

表 8-1　2023 年全球电子信息制造业企业 TOP10 排名

排　　名	企 业 名 称	营收（亿美元）	国家和地区
1	亚马逊	5747.9	美国
2	苹果公司	3832.9	美国
3	Alphabet 公司	3073.9	美国
4	微软	2119.2	美国
5	三星电子	2003.9	韩国
6	京东	1539.2	中国
7	阿里巴巴集团	1264.9	中国
8	Meta 公司	1349.0	美国
9	华为投资控股有限公司	999.3	中国
10	戴尔科技公司	884.3	美国

第二节　中国发展概况

一、国家高度关注电子信息产业发展，"稳增长"成为2024年政策引导关键词

2023年，经历了全球产业链供应链循环受阻，环境不确定性增加、国际投资萎缩等压力，中国电子信息产业开始逐步恢复。2023年9月，工业和信息化部、财政部发布《电子信息制造业2023—2024年稳增长行动方案》，提出"坚定实施扩大内需战略，激发市场潜力"等重要工作部署，作为规模总量大、产业链条长、涉及领域广的战略性、基础性、先导性产业，如何"更好发挥电子信息制造业在工业行业中的支撑、引领、赋能作用，助力实现工业经济发展主要预期目标"，成为2024年电子信息产业的工作重点（见表8-2）。

表8-2　2023中国电子信息产业主要政策（国家层面）

颁布时间	颁布主体	政策名称
2023年	工业和信息化部等6部门	《关于推动能源电子产业发展的指导意见》
2023年	中共中央、国务院	《数字中国建设整体布局规划》
2023年	工业和信息化部、财政部	《电子信息制造业2023—2024年稳增长行动方案》
2023年	工业和信息化部办公厅等5部门	《元宇宙产业创新发展三年行动计划（2023—2025年）》
2023年	工业和信息化部等6部门	《算力基础设施高质量发展行动计划》
2023年	工业和信息化部等7部门	《关于加快推进视听电子产业高质量发展的指导意见》
2023年	国家发展改革委等5部门	《关于深入实施"东数西算"工程加快构建全国一体化算力网的实施意见》
2023年	工业和信息化部	《促进数字技术适老化高质量发展工作方案》

数据来源：有关部门、赛迪顾问，2024年2月

二、2023年中国电子信息制造业规模为15.1万亿元

2023年，中国规模以上电子信息制造业增加值同比增长3.4%，增速比同期工业低1.2个百分点，但比高技术制造业高0.7%。从月度增速来看，1月至12月的电子信息制造业增加值增速逐月递增向好。2023年，面对全球

经济增速放缓、消费电子市场疲软等环境，中国规模以上电子信息制造业效益逐步恢复，全年实现营业收入 15.1 万亿元，实现利润总额 6411 亿元（见图 8-3 ）。

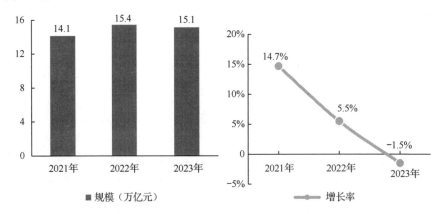

图 8-3   2021—2023 年中国电子信息制造业规模与其增长率
（数据来源：赛迪顾问，2024 年 2 月）

三、微型计算机产量有所下滑

2022 年中国微型计算机产量开始出现负增长，2023 年下滑趋势进一步加剧，2023 年全年产量仅为 3.3 亿台。根据赛迪顾问分析，产量下滑的主要原因是全球微型计算机市场需求疲软，PC 电脑等产品增量空间接近饱和，且消费者面对不确定性增加的环境会减少非必要支出，致使换机周期不断拉长。出口方面，中国笔记本出口 1.4 亿台，同比下降 15.1%（见图 8-4 ）。

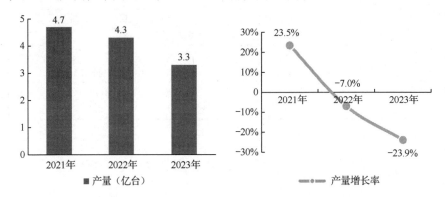

图 8-4   2021—2023 年微型计算机产量与增长
（数据来源：赛迪顾问，2024 年 2 月）

四、中南、华东地区产业规模总和占全国 76.0%

中南地区和华东地区依然是中国电子信息制造业的主要聚集区域，以上两个地区规模以上电子信息制造业营业收入分别为 6.1 万亿元和 5.4 万亿元，两个地区规模总和占全国比重的 76.0%。其中广东、江苏、山东、浙江等作为电子信息制造强省，起到重要牵引作用。西南、华北、西北和东北地区产业规模占全国比重分别为 15.4%、6.1%、1.8% 和 0.7%（见图 8-5）。

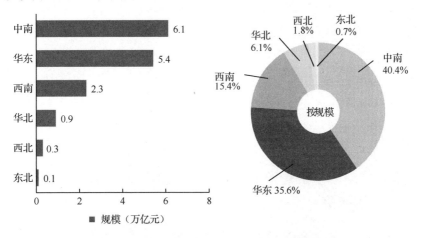

图 8-5　2023 年中国电子信息制造业区域结构
（数据来源：赛迪顾问，2024 年 2 月）

第三节　产业链分析

电子信息制造业产业链包括上游的电子信息专用材料、电子元件、电子器件和电子信息机电产品，中游的电子计算机、通信设备、智能硬件设备、广播电视设备等产品，以及下游的电信、卫星传输服务、互联网和相关服务。2023 年，中国对外贸易出口逐步恢复，国民经济回升向好，中国电子信息制造业生产复苏，效益逐步恢复，其中集成电路和手机产量同比有所增长。软件和信息技术服务业属于贯穿电子信息制造业全产业链的产业，涵盖软件产品、信息安全产品和服务、信息技术服务和嵌入式系统软件四类产品。

第四节　存在的问题

一、全球居民消费需求疲软，传统电子信息产业面临较大压力

当前，全球经济仍面临较大下行压力，经济不确定性增加，全球居民消费需求疲软，防御性储蓄不断增加，居民对于电子产品等非必需商品的购买意愿下降。近年来手机、笔记本电脑等电子产品的主要功能和形态变化差异不大，居民换代的动力不足，电子产品的换代周期主动延长。同时，全球智能手机和电脑的普及率已经达到较高水平，短期市场增量空间较小。由于以上原因，中国生产的手机、计算机等传统电子消费产品出货量和出口额均受到影响并产生下滑，而且从产品技术突破展望和消费者偏好来看，这些影响很可能在一定周期内持续，传统电子信息产业仍将面临较大压力。

二、全球电子信息产业链新一轮重构加速，低附加值产业外迁带来局部阵痛

电子信息产业的全球化程度较高，中国在过去的二十年凭借人口红利等优势承接了全球大量电子信息产业中的劳动密集型工作，国外大型企业纷纷在中国寻找代工厂，手机、微型计算机等产品的出口也在中国电子信息产业中占有较高比重。然而近年来，国际贸易环境不确定性增加，中国出口成本上升，且随着中国经济快速发展，基础用工成本也随之提升。因此，部分国外企业开始选择将生产转移至印度、越南、泰国等生产要素成本更低的国家。例如，2023 年松下宣布关闭沈阳工厂，微软、苹果、英特尔等大型企业也开始将低端制造向东南亚转移，高端制造向欧美回流。同时，2023 年大批 PCB 企业在东南亚投资建厂，1—12 月中国大陆地区 PCB 制造企业在泰国计划投资约 65 亿元，中国台湾地区在泰国计划投资超过 100 亿元。全球产业链的新一轮重构对中国电子信息产业将产生不利影响，产业外迁将会带来局部阵痛。

三、多层次专业技术人才缺乏

电子信息制造业既是知识密集型行业又是劳动密集型行业，既需要高端科研型人才不断突破高精尖技术难点，又需要大量的专业实用型技术人才完

成电子信息产品的生产制造。目前，电子信息科技的发展日新月异，可穿戴设备、智能设备、新型显示、AI 电脑等新产品快速迭代并不断普及，市场亟须创新能力强、技术水平高的软硬件专业人才。一方面，从学校到产业需要一定的职业培养周期，硬件工程师、嵌入式软件工程师、集成电路设计工程师等高端人才岗位形成了一定缺口；另一方面，除了高精尖专家人才外，生产制造端同样需要熟练专业的技术蓝领，而现阶段自媒体、外卖、快递、快车司机等职业吸引了大量毕业生，制造业工厂面临招工用工难的问题，电子信息专业型一线技术人才更是缺乏。

第五节　措施建议

一、以新型基础设施建设为基础，引导电子信息产业稳中求进

未来，政府侧需要进一步加大支撑力度，一方面要坚定实施扩大内需战略，另一方面要稳住外贸基本盘，形成国内国际双循环产业格局。满足国内大循环市场需求是电子信息产业稳中求进的关键，建议政府重点支持当地新型基础设施建设，依托国内市场要求，瞄准优势产业链定位，做好统筹规划。新型基础设施建设不仅可以促进传统产业实现数智化转型，而且能够带动电子信息产业快速发展。5G 网络、大数据中心、工业互联网等新型基础设施建设需要电子信息制造业和软件业作为底层支撑，政府可以根据国家战略积极布局，依托区域发展基础，围绕新型基础设施相关产业链环节不断扩展。

二、加快推动电子信息产业向高质量发展

高质量发展是全面建设社会主义现代化国家的首要任务，《新时期促进集成电路产业和软件产业高质量发展的若干政策》《算力基础设施高质量发展行动计划》等政策的出台，不断强调高质量发展对于电子信息产业的重要性。建议政府从质量安全、绿色环保和品牌建设三个方面关注当地电子信息产业的发展。质量安全方面，政府可以加强行业自律监管，督促相关企业把质量和安全放在首位，加强质量管理体系建设；绿色环保方面，政府可以引导企业采用绿色环保工艺，提倡可持续发展理念，同时做好环境监测和污染监管治理；品牌建设方面，政府可以加强区域间企业协同，打造区域产业名片，同时鼓励当地企业与国际企业合作交流，鼓励企业积极参与国际标准制定。

三、建立电子信息人才梯队体系，科学引导人才就业

面对电子信息产业人才不足问题，建议以系统的方式构建起技术蓝领人才、高端科研人才、技术产业化人才等人才梯队体系，从年龄结构、学历层次、空间布局等维度进行系统调研，建立起人才供需发展模型，明确不同区域、不同电子信息产业类别所需的人才特征，以市场需求为导向制定长期的人才培育计划和招引方案。在人才培育的过程中，需要以实践为核心进行人才培养，通过校企合作、实验室建设等方式，为学生提供更多的实践机会和实践平台。在人才就业选择方面，需要建立科学的电子信息制造业人才吸引模式，一方面通过为学生提供政策咨询、就业指导、职业发展等服务，帮助学生树立良好的就业观，另一方面可以鼓励企业根据发展需求和市场情况，设立引才专项计划，有针对性地引进紧缺人才和高端人才。

第九章

医药健康

2023 年，全球医药健康产业稳步发展，产业规模超 2.7 万亿美元，同比增长 10.5%。中国医药健康产业规模突破 3.5 万亿元，同比增长 11.5%。产业结构方面，化学药仍占据首位，医疗设备增长最快。区域分布方面，中南地区资源吸引力较强，产业规模占比提升较快。产业趋势方面，在政策支持力度不断增大、技术创新突破频出、医疗服务需求持续增长的背景下，中国医药健康产业规模仍将保持较高增速。未来，人工智能、大数据等新技术与产业融合将继续加深，创新药出海热度将持续提升。

第一节　全球发展综述

一、全球医药健康产业规模超 2.7 万亿美元

2021—2023 年，全球医药健康产业快速发展，产业规模呈稳定上升趋势。2023 年，全球医药健康产业规模达 27651.6 亿美元，同比增长 10.5%，增速略有放缓趋势（见图 9-1）。

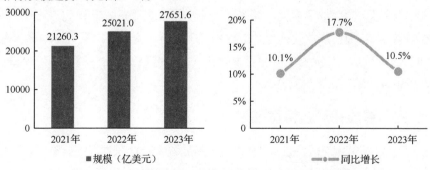

图 9-1　2021—2023 年全球医药健康产业规模与其增长率

（数据来源：赛迪顾问，2024 年 2 月）

二、化学药产业规模占比受到挤压，生物药产业加速追赶

2023 年，化学药仍是全球医药健康产业规模最大的细分领域，产业规模为 9869.4 亿美元，占医药健康产业总规模的比重为 35.7%，同比下降 2.2%。相比之下，生物药领域保持快速增长，2023 年产业规模达 6466.4 亿美元，产业规模同比增长 23.0%，占医药健康产业总规模的比重为 23.4%，同比增长 2.4%（见图 9-2）。

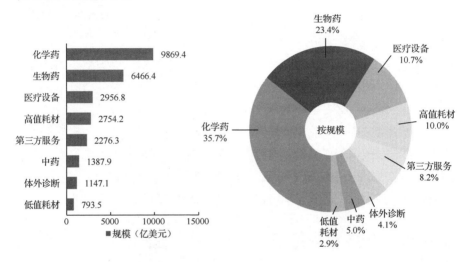

图 9-2 2023 年全球医药健康产业结构
（数据来源：赛迪顾问，2024 年 2 月）

三、北美地区产业规模占比进一步提高

2023 年，全球医药健康产业区域结构变化不大，北美仍是全球医药健康产业规模最大的区域，强生、辉瑞、艾伯维等全球领先医药企业集聚于此。北美地区医药健康产业规模为 11093.8 亿美元，占全球的比重为 40.1%，占比同比增长 0.3%。亚太地区近年来产业规模保持稳定增长，2023 年产业规模达 8024.5 亿美元（见图 9-3）。

四、智能化融合持续加速

智能化持续赋能医药健康产业发展。药品领域，AI 辅助药物研发有助于大幅节约新药研发的时间成本，加速新靶点和新分子实体的发现。医疗器械领域，AI 辅助诊疗应用探索不断深入，AI+医疗影像辅助疾病的早期检测和诊断，手术

机器人提升手术治疗的效率和精确度,改善患者预后,推动精准医疗的加速实现。此外,医疗信息系统"数智化"发展提速,医院运营管理、患者全流程智慧化就医服务覆盖范围逐步扩大,医药健康全领域的智能化升级加速发展。

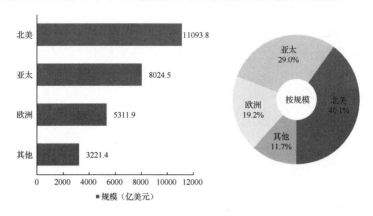

图 9-3　2023 年全球医药健康产业区域结构

（数据来源：赛迪顾问，2024 年 2 月）

第二节　中国发展概况

一、中国医药健康产业规模突破 3.5 万亿元

2023 年,受 MAH 监管规范、分级诊疗、公立医院改革等多重因素影响,中国医药健康产业保持稳定增长,产业规模为 35711.9 亿元,同比增长 11.5%,增速略有回升（见图 9-4）。

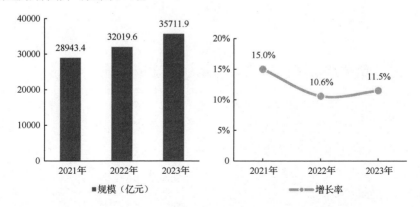

图 9-4　2021—2023 年中国医药健康产业规模与其增长率

（数据来源：赛迪顾问，2024 年 2 月）

二、医疗设备增速最快，高值耗材增长提速

2023 年，化学药仍为医药健康产业最大细分领域，产业规模为 10032.0 亿元，占中国医药健康产业规模的比重为 28.1%，同比下降 1.7%。医疗设备产业规模为 6547.1 亿元，同比增长 22.1%，增速为各细分领域最快，远超全球和全国医药健康产业规模增速。高值耗材产业规模为 2133.0 亿元，同比增长 17.2%，增长显著提速。从规模占比看，医疗设备、生物药、高值耗材的规模占比提升，增长动能较强（见图 9-5）。

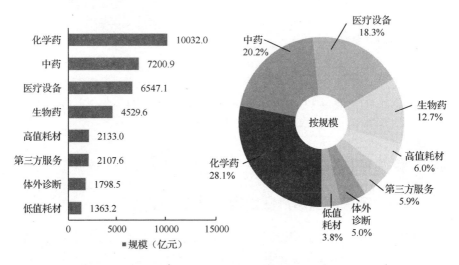

图 9-5　2023 年中国医药健康产业结构
（数据来源：赛迪顾问，2024 年 2 月）

三、华东地区医药健康产业规模占比近四成

2023 年，华东地区医药健康产业规模为 13534.8 亿元，占全国比重为 37.9%，占比同比增长 0.7%，产业规模仍占据全国首位，华东地区医药健康产业集群化发展态势良好。中南地区产业规模为 8963.7 亿元，占比为 25.1%；华北地区产业规模为 6035.3 亿元，占比为 16.9%，占比略有下降（见图 9-6）。

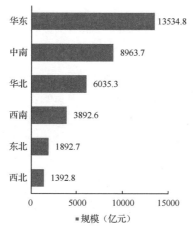

图 9-6　2023 年中国医药健康产业区域结构

（数据来源：赛迪顾问，2024 年 2 月）

第三节　产业链分析

医药健康产业链由上游原材料供给与研发、中游药械生产制造、下游药械流通与医疗服务三个环节构成。

上游原材料供给与研发是医药健康产业的基础，主要包括原料供给和药械研发。其中，原料供给主要包括零部件、金属原料、化工原料、药材种植等；药械研发是指药物的研发和医疗器械的研发，主要包括 CRO、科研院所、企业研发中心等。中游药械生产制造是医药健康产品生产的关键环节，主要包括药物生产、医疗器械生产和第三方服务。其中，药物生产主要包括中药、化学药和生物药的生产制造；医疗器械生产主要包括医疗设备、体外诊断、高值医用耗材和低值医用耗材生产；第三方服务主要包括 CDMO 和 CMO。下游药械流通与医疗服务主要包括药械流通和医疗服务，其中药械流通主要包括物流企业、药房和 CSO；医疗服务主要包括医院、卫生所、急救站等医疗服务机构（见图 9-7）。

图 9-7　医药健康产业链全景图

（数据来源：赛迪顾问，2024 年 2 月）

一、研发外包服务进一步崛起

随着医药健康产业的快速发展，医药研发外包服务的重要性愈发凸显。一方面，中国医药行业进入创新引领的创新药时代，药企研发投入金额逐年增长，专业化与高效的研发服务需求持续增长，研发外包服务规模快速增加；另一方面，全球范围内，中国在人力成本、土地成本、技术积累方面具备显著优势，中国医药研发外包服务公司的全球业务增长较快。

二、药品产业处于发展转型期

中国药品行业正处于向高质量和产品创新升级的转型期。化学药领域，近年来仿制药一致性评价、"限抗令"、药品集采等系列措施持续出台，传统的粗放式仿制药发展模式亟待调整，多数药企加速布局高端制剂、首仿药、罕见病用药等领域，向高附加值药品生产转型。中药领域，中药守正创新、传承创新发展相关措施支持力度不断加大，经典名方挖掘、真实世界研究等工作加速推进，中药现代化转型不断提速。

第四节　存在的问题

一、创新评价机制尚待完善

我国医药产业创新能力快速提升，1 类创新药数量稳定增长，通过创新通道审批的医疗器械数量逐年增加，但与此同时，基于创新程度认定的产品定价机制尚不完善，对创新动能释放产生一定限制。一方面，基于原始创新的药品、医疗器械所需的研发投入成本远高于仿制药和替代产品，不同创新程度的投入成本和回报差异较大；另一方面，创新程度认定的机制和办法尚未形成，如生物类似药的创新性并不能简单地等同于化学合成仿制药，科学、客观地对不同类型医药产品的创新程度分级标准尚待建立，缺乏完善的创新—收益反馈机制对企业创新意愿产生影响。

二、产学研医脱节制约创新成果转化

在医药健康产业创新发展过程中，企业（产）、高校（学）、研究机构（研）、医院（医）是四个至关重要的参与方，直接影响着创新成果转化的效率。以创新药产业为例，目前，我国创新药产学研医还存在融合不深、严重脱节等

问题。在高校与企业合作方面，一方面，欠缺相关的体制机制支持校企合作，导致高校的研究成果难以顺利进入企业转化；另一方面，高校与科研人员对研究成果的商业转化意识不强，很多研究只局限于发表论文，没有转化至商业应用。在企业与医院合作过程中，一方面，部分企业在创新药研发初期由于缺乏与临床医生的沟通，对创新药临床价值的判断不充分，导致药物上市后不具备临床应用价值而退出市场；另一方面，经验丰富的创新药临床研究人才严重欠缺，目前医院的大部分医生主要工作仍是诊治患者，专业从事创新药临床研究的医生较少，严重影响创新药在临床阶段的转化成功率。

三、高素质复合型人才供给不足，人才队伍建设任重道远

医药健康产业是多学科交叉整合的技术密集型产业，对高素质复合型人才的需求较大。如医疗器械产业涉及生物医学、材料科学、声学、光学、计算机科学、数字技术、传感技术等技术领域，但目前该行业的人才多来自跨行业转型，供给无法满足行业需求的增长速度，企业面临人才竞争压力。据《制造业人才发展规划指南》预测，预计2025年生物医药及高性能医疗器械领域人才需求总量为100万，人才缺口高达45万。尽管此前有少数高等院校设立了相关专业，但尚未形成系统完备的人才培养体系，不同院校的培养路径也相差甚远，人才队伍建设仍需加强。

第五节　措施建议

一、鼓励临床驱动型创新，设立研发创新联合体

一方面，鼓励重点科研院所、重点企业、重点医疗机构共同组建创新联合体，开展联合研发与应用试验，发挥医生在医药产品创新中的主体作用，支持面向临床需求的应用技术创新，评选一批技术突破大、合作模式优的先进联合体，设立试点示范。另一方面，建立以临床专家为主、企业家和科学家为辅的创新成果评价团队，以应用价值和应用可行性为核心开展成果评价，给予创新成果转化支持。

二、加强复合型人才培养、数据应用管理等建设

第一，加强"医学＋X"多学科背景的复合型医学创新人才培养，促进医工、医理、医文交叉融合，创新课程体系设计，加强AI、大数据、脑机接

口等新技术与传统医药学科课程的交叉融合，提升复合型人才培养能力。第二，加强医疗数据应用与管理，强化数据标准和安全体系建设，进一步完善数据质量评价、数据治理规范、数据管理相关政策法规，提升医疗数据治理能力，更好赋能医药健康产业高质量发展。

三、密切关注临床需求，开展产品开发与迭代

加强与医疗机构在临床应用端的交流合作，深入了解临床需求和痛点，围绕临床应用端的重大需求，在初期设计阶段注重开发具有应用潜力和应用价值的技术与产品。保持与产品应用端临床医生的沟通，在中期研发阶段从实际应用的角度对在研产品进行完善和改进。紧密跟踪产品上市后的应用情况，在后期上市阶段持续听取临床端的意见反馈，加速产品迭代升级，为后续更大的应用市场开拓提供基础。

第十章

新材料

　　新材料产业是先进制造业的重要组成部分。2023年，全球新材料产业发展面临来自生产成本上升、去库存、市场竞争加剧、行业监管、绿色化、数字化等方面的巨大挑战，全球新材料产业呈现"量价齐降"。前沿材料得到全球更多关注，因下游产业升级和消费升级的市场需要，产业规模增速同比增长11.2%，增材制造材料、石墨烯、纳米材料等前沿材料发展较快。全球新材料企业都在绿色可持续发展方面加大了投入力度，推动生产和产品的绿色低碳转型，构建绿色可持续的产业生态，不断创新产品及服务，以期实现业绩的持续增长。中国新材料产业面对复杂多变的发展环境，依然表现出发展活力与韧性。2023年，在新能源、电子信息、智能装备等新兴领域快速发展的带动下，中国新材料产业发展呈现稳步增长的态势。

第一节　全球发展综述

一、全球新材料产业面临巨大挑战，产业增速大幅下滑

　　2023年，受地缘政治、通货膨胀、利率上升等因素的影响，全球新材料产业发展面临来自生产成本上升、去库存、市场竞争加剧、行业监管、绿色化、数字化等方面的巨大挑战，全球新材料产业呈现"量价齐降"态势，多数企业利润大幅下降，产业增速大幅下滑（见图10-1）。

二、产业整体增速缓慢，前沿材料增速较快

　　2023年，受全球经济增速放缓、地缘政治等因素的影响，新材料下游市场需求疲软，产业整体增速缓慢，全球先进基础材料产业规模达到1.69万亿

美元，占据一半份额，因下游产业升级和消费升级的市场需要，前沿材料产业规模增速较快，同比增长 11.2%（见图 10-2）。

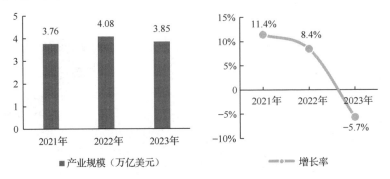

图 10-1　2021—2023 年全球新材料产业规模与其增长率

（数据来源：赛迪顾问，2024 年 2 月）

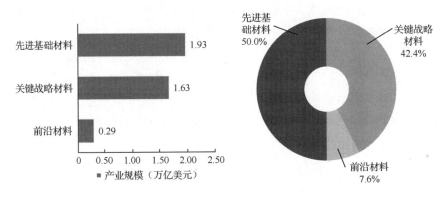

图 10-2　2023 年全球新材料产业结构

（数据来源：赛迪顾问，2024 年 2 月）

三、北美地区全球占比居首，亚太地区增长较快

2022 年，北美地区新材料产业规模全球领先，占比达 32.7%。欧洲、中东和非洲地区产业规模排在第二位，占比为 32.4%，受新兴地区市场拉动等影响，占比有所提升。亚太地区产业规模排位第三，占比为 28.2%（见图 10-3）。

四、全球企业表现较弱，亚太企业表现相对较好

2023 年，在市场需求低迷、市场环境极为困难的情况下，全球新材料龙头企业业绩均受到负面影响，企业营收和净利润均出现不同程度的下降，亚太企业营收和净利润整体表现相对较好，全球企业更加注重加强竞争力和盈

利能力，关注创新驱动的增长领域，同时围绕绿色低碳和数字化转型加大了在技术创新和绿色节能方面加大了投入力度（见表 10-1）。

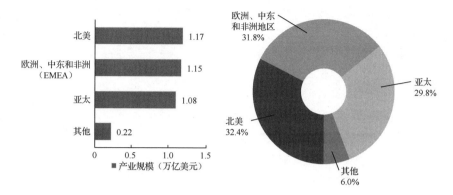

图 10-3　2023 年全球新材料产业区域结构

（数据来源：赛迪顾问，2024 年 2 月）

表 10-1　2023 年全球新材料产业 TOP10 企业排名

排　　名	企 业 名 称	国　　家	营收（亿美元）	同 比 增 长
1	巴斯夫	德国	750.1	-21.1%
2	安赛乐米塔尔	卢森堡	682.8	-14.5%
3	圣戈班	法国	568.9	-3.5%
4	日本制铁	日本	589.2	-2.8%
5	陶氏	美国	446.4	-21.6%
6	LG 化学	韩国	414.4	8.4%
7	利安德巴塞尔	荷兰	411.07	-18.5%
8	蒂森克虏伯	德国	408.65	9.0%
9	纽柯钢铁（Nucor）	美国	347.14	-16.4%
10	林德气体	德国	328.54	-1.5%

数据来源：有关部门、赛迪顾问，2024 年 2 月

第二节　中国发展概况

一、一系列政策相继出台，利好新材料产业发展

2023 年，工业和信息化部联合多部门先后发布了《钢铁行业稳增长工作方案》《有色金属行业稳增长工作方案》《制造业可靠性提升实施意见》《纺

织工业提质升级实施方案（2023—2025 年）》等政策文件，为推动钢铁、有色、纺织等制造业高质量发展指明了目标和任务，新材料成为发展重点。此外，工业和信息化部还联合多部门先后发布了《加快非粮生物基材料创新发展三年行动方案》《前沿材料产业化重点发展指导目录（第一批）》，为推动非粮生物基材料和前沿材料产业化创新发展指明方向，这对于推动新材料产业创新发展具有重要的指导意义。

表 10-2　2022—2023 年中国新材料产业主要政策（国家层面）

颁布时间	颁布主体	政策名称
2022 年	工业和信息化部等三部门	《关于促进钢铁工业高质量发展的指导意见》
2022 年	工业和信息化部等六部门	《关于"十四五"推动石化化工行业高质量发展的指导意见》
2022 年	工业和信息化部、国家发展改革委	《关于化纤工业高质量发展的指导意见》
2022 年	工业和信息化部等四部门	《原材料工业"三品"实施方案》
2022 年	工业和信息化部等三部门	《工业领域碳达峰实施方案》
2023 年	工业和信息化部	《重点新材料首批次应用示范指导目录（2024 年版）》
2023 年	工业和信息化部等六部门	《加快非粮生物基材料创新发展三年行动方案》
2023 年	工业和信息化部等七部门	《钢铁行业稳增长工作方案》
2023 年	工业和信息化部、国务院国资委	《前沿材料产业化重点发展指导目录（第一批）》
2023 年	工业和信息化部等四部门	《纺织工业提质升级实施方案（2023—2025 年）》
2023 年	工业和信息化部等五部门	《制造业可靠性提升实施意见》
2023 年	工业和信息化部等七部门	《有色金属行业稳增长工作方案》
2023 年	工业和信息化部等十部门	《绿色建材产业高质量发展实施方案》

数据来源：赛迪顾问，2024 年 2 月

二、受新兴领域发展带动，新材料产业规模稳步增长

2023 年，中国新材料产业面对复杂多变的发展环境，依然表现出发展活力与韧性，尤其是在新能源、电子信息、智能装备等新兴领域快速发展的带动下，中国新材料产业发展呈现稳步增长的态势。2023 年，中国新材料产业规模达到 7.64 万亿元，同比增长 12.2%，增速高于全球（见图 10-4）。

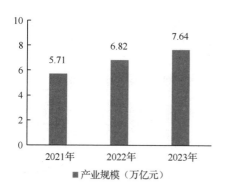

图 10-4 2021—2023 年中国新材料产业规模与增长率
（数据来源：赛迪顾问，2024 年 2 月）

三、原材料工业高质量发展，先进基础材料占比提升

2023 年，汽车工业、机械制造业、高端装备等先进制造业领域市场持续增长，对于先进基础材料需求快速提升，原材料工业加速高质量发展，对于先进基础材料的供给和保障能力进一步增强。从产业结构来看，中国先进基础材料产值比重同比上升至 56.3%，关键战略材料产值比重进一步降低至 40.3%，前沿新材料占 3.4%（见图 10-5）。

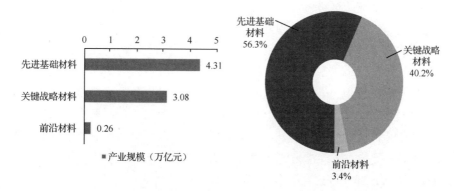

图 10-5 2023 年中国新材料产业结构
（数据来源：赛迪顾问，2024 年 2 月）

四、华东地区产业规模占全国产业规模比重超过四成

华东地区新材料产业配套齐全、产业集聚度最高，也是产业基地数量最多的地区。2023 年华东地区新材料产业规模达到 3.97 万亿元，占全国的比重为 52.0%。其中，浙江省约占华东地区新材料产值三分之一的份额，江苏、

山东分列二三位，华东地区在先进基础材料和关键战略材料等多个领域均有布局，并且龙头企业实力较强（见图 10-6）。

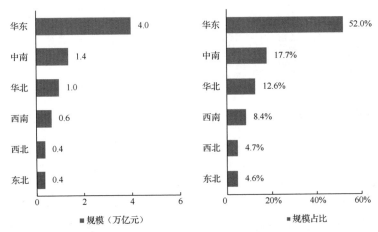

图 10-6　2023 年中国新材料产业区域结构

（数据来源：赛迪顾问，2024 年 2 月）

第三节　产业链分析

根据《重点新材料首批次应用示范指导目录（2024 年版）》的分类方法，中国新材料产业可以大致分为先进基础材料、关键战略材料和前沿材料三大方向。先进钢铁材料、先进有色金属材料、先进化工材料等先进基础材料是传统材料中的高端产品，具有量大面广、普适通用的特征，2023 年汽车家电、机械制造、能源电力等行业需求旺盛，成为拉动其增长的主要因素。关键战略材料是涉及国计民生的重要材料，2023 年新能源、新能源汽车、电子信息等行业需求旺盛，成为拉动其增长的主要因素。前沿材料代表新材料未来的发展方向，是最具发展潜力的新材料领域，2023 年未来产业成为拉动其增长的重要因素，部分材料有望率先实现产业化（见图 10-7）。

一、先进基础材料

先进基础材料是现代工业和高新技术发展的重要基石，广泛应用于航空航天、电子信息、新能源、环保等关键领域。随着科技的不断进步和全球产业结构的深度调整，先进基础材料将加快向高端化、高附加值、高性能方向转型升级。2023 年，中国先进基础材料产业规模为 4.31 万亿元，同比增长 14.3%，增速保持较为稳定的状态（见图 10-8）。

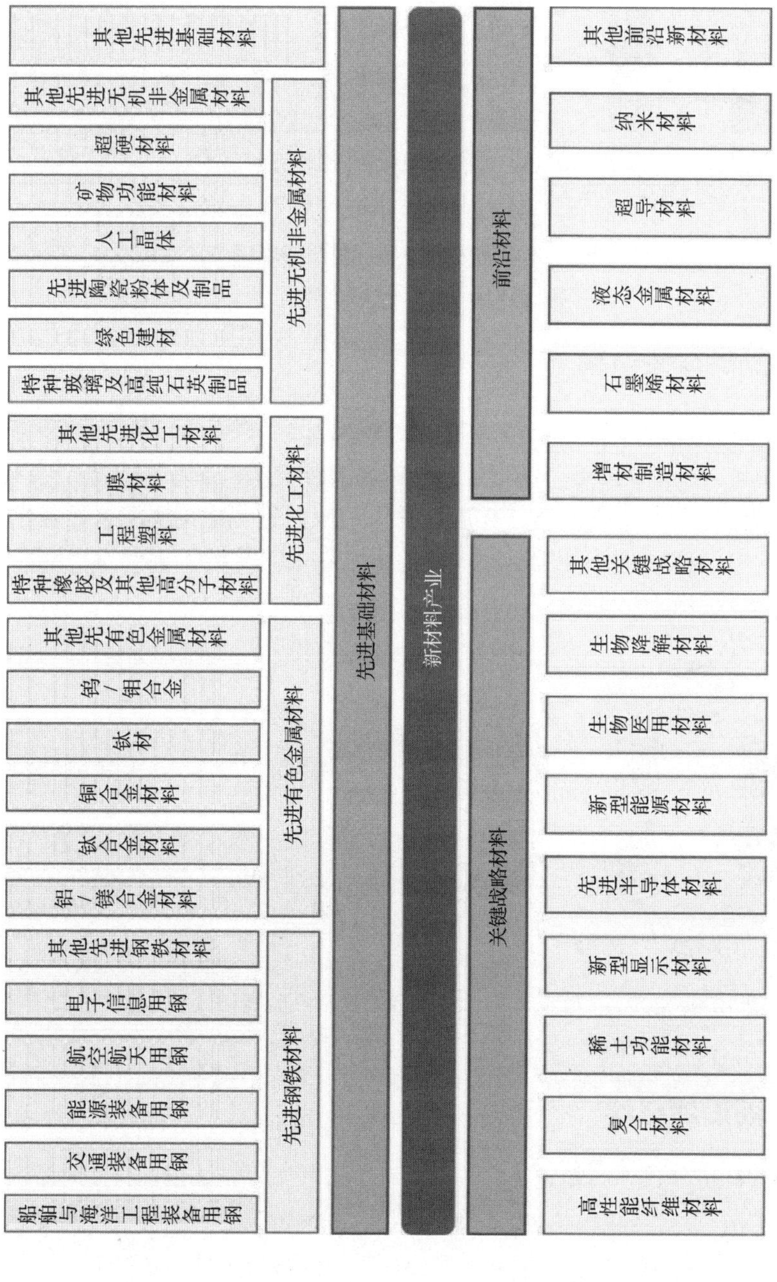

新材料产业

先进基础材料

先进钢铁材料
- 船舶与海洋工程装备用钢
- 交通装备用钢
- 能源装备用钢
- 航空航天用钢
- 电子信息用钢
- 其他先进钢铁材料

先进有色金属材料
- 铝/镁合金材料
- 钛合金材料
- 铜合金材料
- 钛材
- 钨/钼合金
- 其他先进有色金属材料

先进化工材料
- 特种橡胶及其他高分子材料
- 工程塑料
- 膜材料
- 其他先进化工材料

先进无机非金属材料
- 特种玻璃及高纯石英制品
- 绿色建材
- 先进陶瓷粉体及制品
- 人工晶体
- 矿物功能材料
- 超硬材料
- 其他先进无机非金属材料
- 其他先进基础材料

关键战略材料
- 高性能纤维材料
- 复合材料
- 稀土功能材料
- 新型显示材料
- 先进半导体材料
- 新型能源材料
- 生物医用材料
- 生物降解材料
- 其他关键战略材料

前沿材料
- 增材制造材料
- 石墨烯材料
- 液态金属材料
- 超导材料
- 纳米材料
- 其他前沿新材料

图 10-7　新材料产业三大方向主要材料
（数据来源：赛迪顾问，2024 年 2 月）

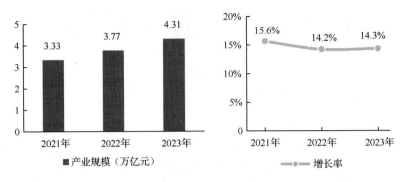

图 10-8　2021—2023 年中国先进基础材料产业规模与其增长率

（数据来源：赛迪顾问，2024 年 2 月）

二、关键战略材料

目前，国际环境日趋复杂多变，全球竞争日益激烈，关键战略材料的重要性愈发凸显。在新能源等下游市场热度持续的背景下，中国关键战略材料技术研发持续取得突破性进展，在产品种类和应用领域上也实现了显著扩展。2023 年，关键战略材料产业规模保持增长，达到 3.08 万亿元，增速 8.5%（见图 10-9）。

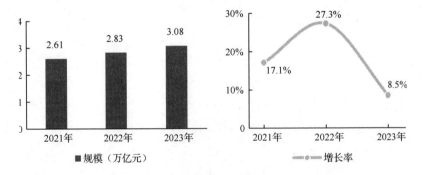

图 10-9　2021—2023 年中国关键战略材料产业规模与增长率

（数据来源：赛迪顾问，2024 年 2 月）

三、前沿新材料

前沿材料是科技创新的重要基石，代表着现代工业发展的前沿和趋势。2023 年，前沿材料在超导材料等多个关键技术领域取得了显著突破，不仅推动了相关产业的升级换代，也加速了产业化进程的持续突破。受益于新能源汽车、航空航天、电子信息等下游领域规模持续增长，2023 年，中国前沿材料产业规模达到 0.26 万亿元，同比增长 23.5%（见图 10-10）。

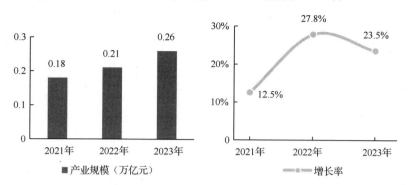

图 10-10　2021—2023 年中国前沿新材料产业规模与其增长率
（数据来源：赛迪顾问，2024 年 2 月）

第四节　存在的问题

一、全球形势仍复杂严峻，市场竞争将更加激烈

一方面，受地缘政治冲突、通货膨胀、需求减少等因素的影响，新材料产业平稳运行难度加大，产业自身也面临创新发展、绿色发展、数字化发展的挑战；另一方面，全球龙头企业占据市场竞争优势，生产成本上升、低碳节能压力增大，全球市场竞争将进一步加剧，同时国内新材料产品同质化、差异化问题日益突出，国内的市场竞争和淘汰也更加激烈。

二、产业集群发展水平不高，协同创新能力不足

目前，中国新材料产业已初步形成一些产业集群，但整体发展水平不高，产业集聚效应不明显，缺乏具有国际竞争力的产业集群。同时部分关键原材料和核心部件供应链存在短板和断点，制约了产业的发展。此外，新材料产业的发展需要跨学科、跨领域的协同创新。目前，中国新材料产业的协同创新能力不足，缺乏高效的产学研合作机制，难以形成合力推动产业发展。

三、环保政策日趋严格，绿色低碳发展压力增大

随着气候变化和环境问题的日益严重，全球主要经济体都在加强环保政策，推动制造业绿色低碳发展，作为制造业发展的基础，新材料产业将面临更严格的环保要求。但传统生产方式需要的能源消耗量较大，已不适应绿色

低碳发展的要求，新材料产业需要加快向低能耗、低排放的绿色低碳生产方式转变，同时需要加强废弃物处理和资源化利用技术的研究和应用，降低废弃物对环境的影响。

第五节 措施建议

一、加强国际交流合作，加强产品应用推广

建议加强"一带一路"沿线等国家及地区产业协作，引导本地新材料产品、装备、技术、服务等协同"走出去"，推动绿色低碳合作，支持企业融入国际供应链体系，积极参与国际标准制定，推动国际检验检测结果相互采信；通过加强上下游对接、举办大型展会、打造示范工程等方式，扩大新材料产品的应用领域、规模及层次。

二、培育优质骨干企业，打造特色产业集群

建议培育产业链"链主"或者全产业链路径的骨干企业，从资源配置、品牌价值、创新能力、国际化程度等方面与世界一流企业对标，引导要素资源向优势企业集聚，激励企业向卓越质量攀升。因地制宜打造新材料特色产业集群，引导创新资源和要素集聚，构建骨干企业牵引、上下游企业协调、大中小企业融通发展的产业生态。

三、加快绿色低碳转型，拓展市场应用领域

建议加快推进新材料企业节能减排和循环利废改造，积极推动清洁能源替代，加快增效技术装备推广应用，不断提升消纳废弃物能力，发展绿色低碳产品，积极搭建上下游合作平台，联合推广应用新材料产品，引导绿色消费观念，不断提高产品质量及创新服务能力，不断拓展市场应用领域。

区　域　篇

第十一章

中国先进制造业城市发展概况

　　党的二十大报告明确指出，"建设现代化产业体系。坚持把发展经济的着力点放在实体经济上，推进新型工业化，加快建设制造强国、质量强国、航天强国、交通强国、网络强国、数字中国。"中国正走在实现新型工业化的道路上，先进制造业是实体经济的根基，是推动产业结构优化的重要抓手。聚焦基础研究及应用研究，顺应新一轮科技革命和产业变革趋势，促进数字经济和实体经济深度融合，补齐短板、拉长长板、锻造新板，是提升中国产业链供应链韧性和发展先进制造业的重要途径。城市是我国发展先进制造业，推进新型工业化的重要载体。

第一节　发展现状

一、先进制造业发展步伐持续加快

　　2023 年，我国制造业增加值约为 33 万亿元，约占全球比重为 30%，同时，我国制造业产业加快进行结构升级，装备制造业增加值同比增长 6.8%，占规模以上产业增加值的比重由 2012 年的 28% 提升到 33.6%；高技术制造业增加值同比增长 2.7%，占规模以上产业增加值的比重由 2012 年的 9.4% 提升到 15.7%。2023 年，我国战略性新兴服务业企业营收同比增长 7.7%，先进制造业正在快速发展。

二、先进制造业竞争力快速提升

　　我国先进制造业在持续的创新中展现出更大的潜力，竞争力进一步提升。2023 年，我国新能源汽车产量达 944.3 万辆，同比增长 30.3%，产销量占全球的比重超 60%，已经连续九年位居世界第一；我国风力发电机、光伏组件等关键零部件占全球约 70% 的市场份额；3D 打印设备产量为 278.9 万台，同比增长 36.2%；服务机器人产量为 783.3 万套，同比增长 23.3%。C919 实现商业飞行，第一艘国产大型邮轮正式出坞，完成交付。自行设计并制造了全球最先进的万吨水压机。

三、优质生产要素高效集聚

我国目前已拥有 45 个先进制造业集群，先进制造业集群是产业集聚发展、深化分工的高级形式，是推动产业迈向中高端的重要抓手，对协同创新、降本增效、人才集聚等正向效应明显，可形成规模效应，提升竞争力。在 45 个先进制造业集群中，共拥有 18 个国家制造业创新中心，占全国总量的 70%，拥有 2000 多家国家级专精特新"小巨人"企业，约 200 家国家级单项冠军，高级人才、资本等生产要素正在向先进制造业集群集聚。

第二节　发展曲线

城市是中国推进新型工业化、打造以先进制造业为骨干的现代化产业体系的重要载体。通过连续多年对城市先进制造业发展的追踪观察及研究，赛迪顾问先进制造业研究中心提出了城市先进制造业发展演进曲线，聚焦创新能力、融合发展、经济带动、品牌质量和绿色集约五个维度衡量城市先进制造业发展水平，并结合 2023 年先进制造业百强城市最终研究成果，将城市发展先进制造业的阶段划分为跃升期、扩张期、发展期、起步期（见图 11-1）。

一、跃升期城市：各维度优势明显，引领全国先进制造业发展

处于跃升期的城市各维度评分明显优于百强城市平均值，其区位优势明显、经济实力雄厚、产业集群化发展趋于成熟、较为完善的先进制造业发展体系使这些城市在百强城市中全面领跑，并在全国先进制造业百强城市的发展中起到引领示范作用。处于跃升期的城市坚持传统产业改造升级和培育战略性新兴产业两手抓，持续提升先进制造业产业链供应链韧性和安全性，大力培育先进制造业集群，在工业和信息化部 2022 年公布的 45 个国家先进制造业集群中，有 8 个来自处于跃升期的城市。处于先进制造业跃升期的城市

正融入全球供应链，迈向全球价值链中高端，是中国推进新型工业化的中坚力量。

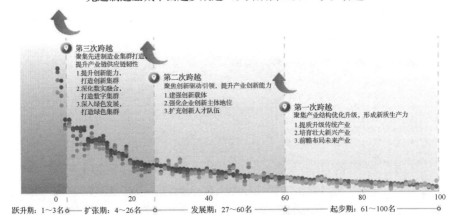

先进制造业城市由起步期迈入跃升期需经历三次跨越

跃升期：1~3名　扩张期：4~26名　发展期：27~60名　起步期：61~100名

跃升期城市	扩张期城市	发展期城市	起步期城市
特征：具有突出的经济实力、扎实的创新基础、成熟的资源配套机制、包容的人才环境、健全的产业发展体系。	特征：形成了扎实的制造业基础，产业发展各有特色，拥有多条较为完整的产业链条，部分领域市场占有率全国领先。	特征：在产业链细分环节拥有竞争实力较强的龙头或骨干企业，并在部分产业领域拥有了较为完整的产业链条。	特征：拥有一定传统制造业基础，但是原有产业链的竞争优势正在逐步降低，先进制造业领域发展尚处于起步阶段。

图 11-1　城市先进制造业发展演进曲线

（数据来源：赛迪顾问，2024 年 5 月）

二、扩张期城市：各维度均具备比较优势，融合发展维度优势突出

处于扩张期的城市各维度与百强城市平均水平相比仍具备一定优势，融合发展、品牌质量、创新能力三个维度优势较为明显。扩张期城市在先进制造业发展中，围绕新一代信息技术在先进制造业的应用，通过数字经济与实体经济、现代服务业与制造业的深度融合发展来提质升级传统制造业，在此基础之上，扩张期城市围绕城市资源优势锚定新兴产业发展方向，在先进制造业发展中取得一定成效，是中国推进新型工业化的中流砥柱。

三、发展期城市：各维度发展水平趋于均衡，品牌质量发展相对较弱

处于发展期的先进制造业城市各维度平均水平略低于百强城市平均水平，各维度发展较为均衡，品牌质量平均水平与其他维度相比稍显不足。处于发展期的先进制造业城市在政策支撑方面，资金、土地、人才等生产要素方面均为发展先进制造业提供了较大的动力支撑，其聚焦产业龙头企业，持续带动产业链上下游企业及相关配套产业共同发展，产业链联动较为紧密，积极打造具有竞争力的先进制造业集群，为中国推动新型工业化提供重要抓手。

四、起步期城市：先进制造业发展起步较晚，绿色集约维度发展较为突出

处于起步期的城市，各维度发展平均水平与百强城市相比均有一定差距，但绿色集约维度差距较小。起步期的城市亟须加大创新研发力度、加快新旧动能转换进度、扩大优势产业规模、促进产业结构优化升级，把握新时代新征程中国推进新型工业化发展机遇，持续提升先进制造业各维度发展水平。起步期城市先进制造业发展生产要素成本处于较低水平，先进制造业发展后劲十足，为中国推进新型工业化注入活力。

第三节　发展建议

一、有效提升产业链供应链韧性，保障城市先进制造业安全发展

先进制造业是制造业中研发能力强、复杂度高、创新成果丰富的领域，提升产业链供应链韧性和安全水平是打造先进制造业城市、加快推动新型工业化的重要支撑。一是构建完善的产业链条及全过程应用生态。统筹布局提升"工业五基"能力，实施产业基础再造工程；推进传统产业的技术改造及流程工艺优化迭代升级，推动其向产业链价值链高端攀升；打造先进制造业发展生态，依托生态主导型企业整合市场各类资源；超前布局未来产业，聚焦关键核心技术。二是以产业集群为抓手，强化产业链供应链建设，聚焦重点产业链，进行针对性的补链延链强链；聚焦生态主导型企业，实施重大技

术装备攻关工程，使其成为产业链供应链的领导者；积极培育专精特新、单项冠军企业，保障中国产业链供应链安全。

二、快速打造科技创新优势，引领城市先进制造业优质发展

坚持以创新驱动为核心，加快推进关键核心技术攻关，是城市发展先进制造业、推进新型工业化的迫切需要。一是坚持以企业为主体，引导、支持生态主导型企业跨区域组建创新联合体，联合高校及科研院所打造重点实验室、研发中心等协同创新平台，各自发挥优势共同进行技术攻关和成果转化，推动产学研深度融合，促进产业链上下游企业协同创新发展。二是加快构建完善的科技研发体系，重点聚焦基础研究体系、应用研究体系、关键核心技术攻关体系、科技成果转化体系和政产学研用对接融合体系等。三是有效链接全球高端创新生产要素，链接全球一流先进技术，鼓励开放式创新，打造产业创新生态网络，包括专业高效的人才队伍、便利完善的基础设施、精准有力的金融服务、特征鲜明的品牌标识、深入人心的创新文化等。

三、稳步优化产业结构，支撑城市先进制造业高质量发展

加快形成新质生产力是贯彻新发展理念，大力发展符合高质量发展要求的生产力。具体到城市产业发展层面，就是要开辟产业发展的新格局，从"有没有"转向"好不好"，促进以先进制造业为核心的新型工业化的发展。具体来看，一是加快改造升级传统产业，推进工业"智改数转"，调整现有产业产能产量和发展思路；二是巩固提升优势产业，提升产业在全球分工中的地位和竞争力，向全球产业价值链"中高端"发展；三是前瞻布局未来产业，积极培育新产业新赛道，加强技术攻关和成果转化，丰富完善应用场景，大力发展现代生产性服务业，打造中国质量、塑造中国品牌。

四、大力推进数字技术与实体经济深度融合，驱动城市先进制造业智能化发展

数字技术是先进制造业发展的标志性技术，数字经济时代是中国工业发展"新时代"的核心内涵，在城市发展过程中，要推动数字技术与先进制造业深度融合。一是加快数字技术赋能实体经济，核心任务包括实施"上云用数赋智"行动，培育发展个性定制、柔性制造等新模式，加快企业、产业园区数字化改造，推动数据赋能全产业链协同转型，重点关注智能制造生产型

数字技术、工业互联网的应用。二是高质量发展工业数据要素供给、流通及开发利用能力，核心任务包括培育壮大大数据、人工智能、网络安全、云计算、区块链等新兴数字产业，提升通信设备、核心电子元器件、关键软件等产业水平，增强以数字经济带动新型工业化发展的核心能力。

五、有序实现绿色低碳转型，推动城市先进制造业可持续发展

绿色是先进制造业发展新动能的重要"底色"，是中国先进制造业、新型工业化可持续发展和高质量发展的根本要求。坚持以绿色发展为原则推进新型工业化，一是鼓励发展以先进制造业为引领的绿色低碳新业态，走降低资源消耗、保护环境的绿色工业化之路，深入实施工业领域碳达峰行动，构建资源节约、环境友好的生产体系，促进工业文明与生态文明和谐共生。二是以绿色低碳培育工业发展新动能，通过建设绿色工厂、推广绿色能源、开展绿色生产等方式，实现经济的可持续发展，为新型工业化推进注入新的动力。

第十二章

成都市

第一节　发展概况

一、综合实力稳步增强

成都被誉为"中国最具活力和幸福感的城市之一"。2023 年，成都市全年实现地区生产总值（GDP）22074.7 亿元，按可比价格计算较上年增长 6.0%。第二产业增加值 6370.9 亿元，较上年增长 3.0%；第二产业投资增长 10.4%，其中工业投资增长 12.0%；完成一般公共预算收入 1929.3 亿元，同比增长 12.0%。

二、主导产业动力强劲

先进制造业为成都市发展注入了强劲增长动力，五大主导产业发展势头强劲。2023 年，成都五大先进制造业合计增长 4.0%，规模以上工业增加值比上年增长 4.1%。其中医药健康产业增长 10.1%，装备制造产业增长 8.1%，电子信息产业增长 4.0%，绿色食品产业增长 2.4%，新型材料产业下降 1.9%。规模以上高技术制造业增加值增长 4.9%，其中航空航天器及设备制造业增长 9.5%，电子及通信设备制造业增长 5.3%。

第二节　主要特点

一、先进制造提档升级

成都在 2023 年全国先进制造业百强城市排名第 9 位，先进制造业聚集优势明显。2023 年成都规模以上工业企业增至 4408 家，新增国家级专精特新"小巨人"企业 84 家。以制造强市建设"1+1+6"政策体系和"工业上楼"专项政策为依托，开展制造强市招商引智百日攻坚，新引进制造业重大项目 281 个、产业链关键配套项目 332 个，西门子工业自动化智造基地、沃尔沃纯电新车型、红旗新能源汽车等重大项目签约落地。产业发展提质增效，国内首条量产级和标准化绿氢电极产线落地投产，航空大部件、生物技术药入选国家级中小企业特色产业集群，规模以上装备制造增长 8.1%，医药健康产业增长 10.1%。成功举办世界显示产业大会、中国质量（成都）大会。获评国家消费品工业"三品"战略示范城市，在中国软件名城排名中提升至第 6 位。

二、科技创新实力雄厚

截至 2023 年，成都共建成国家企业技术中心 62 家，数量居全国城市第 4 位；国家级科技创新平台 146 家，新增 7 家；高新技术产业营业收入 14372.2 亿元，国家高新技术企业突破 1.3 万家。成都市共出台科技成果转化政策措施 28 条，完成关键核心技术攻关项目 114 个，全社会研发经费投入增长 16%。揭牌了先进技术成果西部转化中心，建设备案首批中试平台和概念验证中心 40 家，组建成立技术转移联盟、技术经理人协会，技术合同成交额增长 10%。成功入选首批国家知识产权保护示范区建设城市，建设西部（成都）科学城、成渝（兴隆湖）综合性科学中心，国家高端航空装备技术创新中心，跨尺度矢量光场等 5 个重大科技基础设施，建成科创生态岛 1 号馆并开启试运行。建成投运全国首个民航科技创新示范区，首批 4 家天府实验室实体化运行。设立西南地区首只科创接力基金、全省首只专精特新基金和成都天使投资母基金。深入开展"蓉漂人才矩阵"行动，新增科技领军人才 982 人，新落户青年人才 6.9 万人，连续 5 年获评"中国最佳引才城市"。

三、前瞻布局新兴产业

在布局新兴产业方面，成都提出实施现代化产业体系建设攻坚行动，持续推动低空经济、AI 大模型、量子信息等领域加速项目布局，力争在飞行汽车、6G、卫星互联网、合成生物学等前沿技术领域加速实现原创性、颠覆性突破，策源和引领产业发展。2023 年，成都新兴产品产量快速增长，新能源汽车、锂离子电池、太阳能电池产量分别增长 94.2%、35.5%、21.9%。成都

出台了一系列政策支撑新兴产业发展，在新能源汽车领域，发布了《成都市新能源和智能网联汽车产业发展规划（2023—2030 年）》《关于促进成都市新能源汽车产业发展的实施意见》及配套实施细则等政策措施；在低空经济领域，提出"用好低空空域协同管理改革试点成果，激活通用航空、工业无人机等产业优势，打造西部低空经济中心"；在人工智能领域，制定了《成都市人工智能产业高质量发展三年行动计划（2024—2026 年）》。

第三节　推进举措

一、深化改革

深化改革，增强服务能力。成都市以持续优化营商环境为目标，全面推行了企业开办、迁移、简易注销的"一件事一次办"服务，新增减税降费及退税缓费总额超过 490 亿元。国有企业改革深化提升行动深入实施，强调主责主业，优化国资布局，稳妥推进混合所有制改革，市属国企资产总额已突破 3.6 万亿元。210 项国家改革试点任务得到具体落实，其中 2 项改革被选为全国地方全面深化改革典型案例。扩大开放，推进国际交流。成都成功举办了第十七届欧洽会、RCEP 区域产业合作交流大会等经贸交流活动，并提升了"蓉欧产业对话"品牌的影响力。随着成都开放程度提高和国际交流增加，2023 全年新设外商投资企业 713 家，落户成都的世界 500 强企业数量达到 315 家。外商直接投资（FDI）到位金额达到 22.9 亿美元，新设或增资合同外资超过 1000 万美元的外资企业 80 家。外资外贸方面，积极创新支持"千团万企出海"策略，一般贸易进出口增长 16.2%，外贸进出口总额达到 7489.8 亿元，位居中西部城市首位。

二、数字引领赋能产业

融合发展，促进产业转型。成都市致力于提升数字技术的创新能力，加快数据资源的汇聚与流通进程，不断完善数字基础设施的建设，并集中力量培育数字经济产业集群，数字经济发展取得了显著成效，位居全国前列，是国家数字经济创新发展试验区的核心城市，获批新一代人工智能创新发展的试验区。重视数字经济与制造业的深度融合，积极推进"千企数改升级"计划，荣获了首批国家中小企业数字化转型试点城市。2023 年成都市新增了 2 家国家智能制造示范工厂，上云企业累计超过 10 万家，成功培育了本土首家国家级跨行业跨领域的工业互联网平台，智算中心和国家超算成都中心也成功入选了人工智能国家级算力平台。成都以实施"东数西算"工程为引领，建设全国一体化算力网络成渝国家枢纽节点和天府数据中心集群起步区，全面支撑智慧蓉城场景应用。不断提升国家超级计算成都中心、成都智算中心能级。

三、绿色发展积蓄动能

绿色生产，推进能效提升。自"十四五"规划实施以来，成都市在节能减排方面取得了显著成效。单位地区生产总值能耗在"十三五"下降 14.24% 的基础上，到 2023 年累计再降 9.3%，能效水平居全省首位。在工业节能方面，成都市通过淘汰落后产能、整治"散乱污"企业、淘汰燃煤锅炉等行动，累计节能约 110 万吨标准煤，减排二氧化碳约 90 万吨，为新型工业化体系腾出了资源与环境空间。同时，成都市积极推广节能技术改造，对重点用能设备进行了大规模更新，推动能效提升。全市主要耗能产品的单位能耗持续下降，规模以上工业单位增加值能耗累计下降 14.6%，提前两年完成"十四五"节能目标。注重绿色节能企业的培育与引领，已累计培育 174 家绿色工厂等综合示范企业，并在节能技术方面取得近 30 项省级以上推广成果，为绿色低碳发展提供了坚实支撑。

第十三章

佛山市

第一节 发展概况

一、工业经济综合实力稳步提升

2023 年，佛山市工业总产值突破 3 万亿元，成为中国第四个突破 3 万亿元的城市，比肩深圳、苏州、上海，稳居广东省工业第二城。2023 年，佛山市规模以上工业增加值超过 6300 亿元，同比增长 6.6%，占广东省比重约七分之一，拥有泛家居、装备制造两个万亿级产业集群、10 个千亿级产业集群，规模以上企业数量已超一万家。

二、民营企业实力强劲

民营企业是佛山市的制造业主力，表现出了极强的韧性。目前佛山登记在册的民营经济主体为 152.7 万个，占全市市场主体的 98.9%，为佛山市贡献了 60% 以上的 GDP、70% 以上的税收、80% 以上的工业增加率以及 90% 以上的企业数量，是佛山经济当之无愧的中流砥柱。在佛山企业百强中，制造业企业为 53 家，其中，电气机械和器材制造产业入围的企业最多。

三、创新引领能力不断提高

近年来，佛山市深入实施创新驱动发展战略，创新载体不断增多，在科技成果转化和关键核心技术攻关上取得多项重大突破。2023 年，佛山市位列国家创新型城市第 52 名，季华实验室已累计申请 1650 余件发明专利，仙湖实验室已累计申请 297 件专利，发表 807 篇重要期刊论文，其中被 SCI 收录的论文有 618 篇。同时，佛山新增 4 个院士工作站，16 个博士后科研工作平台。佛山（华南）新材料研究院、香港科技大学佛山智能制造研究院、广东中科半导体微纳制造技术研究院等聚焦未来产业的创新载体建设加速。

第二节　主要特点

一、制造业智改升级亮点突出

佛山市是全国唯一的制造业转型升级综合改革试点，2023 年，佛山市工业技改投资同比增长 33.7%，总量居广东省第一，对企业数字化改造投资累计超 36 亿元，首创"数字贷"贴息政策，共撬动银行贷款 43 亿元。目前，佛山市已有 55% 以上的规上企业进行了数字化转型，生产效率平均增加了 16.5%，拥有 2 家"灯塔工厂"，打造了 48 家示范工厂、146 个示范车间、超百个标杆示范项目。

二、制造业打造"标准"成绩显著

多年来，佛山市持续推动全域标准化工作，实施国际标准化提升工程，标准化工作基础日趋夯实。2023 年，佛山市聚焦龙头企业及研发、技术机构，围绕机械装备、新能源、家电等六个重点产业打造了 10 个国际标准化专家工作室，高福利引进国际标准化领域领军人才和团队，支撑佛山市相关机构积极参与国际标准制定修改。2023 年，佛山市制定、修订国际标准数量首次突破 10 个，目前已累计制定 63 个标准。

三、先进制造业高效集聚

佛山市经过统筹规划，优化空间布局，逐步打破"产业不连片、工业不成带"的发展瓶颈。近年来，佛山市构建了"中部强核、东西两带、南北两圈"高效联动产业格局，重点打造佛北战新产业园和"双十园区"，对"工业上楼"建设标准进行规范，加快招商引资，数控机床、工业机器人、高端装备、仪器仪表、医药健康、新型储能等先进制造业逐步集聚，为先进制造业高质量发展筑牢根基。

第三节 推进举措

一、以数转智改破局传统制造业，锻造新优势

2021 年，佛山发布"百亿政策"，开始大力推动制造业数转智改，2022 年，佛山市聚焦产业集群转型，再次出台方案，在更广范围内更深层次上推动制造业，在佛山进行一体化推进数转智改。2023 年，佛山市发布《佛山市推进新一轮工业企业技术改造若干措施》（下称《措施》），提出要从强化财政支持、引导金融支持、深化数智赋能、支持工业设计、加快绿色化改造等多个方面支持工业技改。佛山市制造业通过龙头带动全链条进行"大技改"中小企业抱团完成企业数字化转型，带动企业从"不想转、不敢转、不会转"到"主动转"。

二、以营商环境打造城市金字招牌

自 2021 年以来，佛山市始终将打造一流营商环境作为城市的"一号改革工程"，颁布了我国第一部服务市场主体条例，即《佛山市市场主体服务条例》，致力打造"投资好去处，佛山益晒你"营商环境品牌。佛山市首创24 小时智能审批服务系统，不见面即可审批，"秒批秒达""一网通办""一照通行"，在佛山市只需提交一次申请，即可进行身份统一认证，数据共享，业务跨部门、跨层级办理。截至 2023 年，佛山已累计办理 16.5 万笔"一照通行"业务，为各类市场主体提供了稳定、公平、可预期、透明的成长沃土。

三、政策引领推动制造业"标准"打造

佛山市颁布《关于推进佛山标准工作的实施意见》，聚焦重点产业中的优势产品，实施佛山标准供给工程、评价工程、点亮工程、培育工程、保护工程，加快推动打造"佛山标准"，提升佛山市制造业质量，打造佛山市制造业知名度，扩大影响力。同时，佛山市依托龙头企业和技术机构，在六个重点产业建设了十个国际标准化专家工作室，引入多位国际标准专家，收集本地企业国际标准需求提案，推动本地多家企业积极参与国际标准的制定与发布。

第十四章

济南市

第一节　发展概况

一、经济发展积极向好

作为国家新旧动能转换示范区的核心地区，济南新旧动能转换起步区建设近年来呈现加力提速态势。2023 年全市生产总值 12757.4 亿元，按不变价折算，较上年增长 6.1%。在工业强市战略指导下，工业增长势头强劲，带动作用明显，2023 年工业增加值 2886.1 亿元，比上年增长 7.9%，高于其他产业平均增速。

二、核心产业发展迅速

2023 年，济南市规模以上工业增加值增长 12.4%。工业大类行业中，24 个行业实现增加值增长，占比达 58.5%，其中，11 个行业增速超过全市平均水平。重点行业中，汽车制造业增加值增长 133.3%，计算机通信和其他电子设备制造业增长 21.2%，通用设备制造业增长 19.1%，石油煤炭及其他燃料加工业增长 6.7%，医药制造业增长 3.1%，黑色金属冶炼和压延加工业下降 4.8%。

第二节　主要特点

一、"强"，产业聚集效应明显

2023 年，济南市集成电路、空天信息等新兴产业迅速发展壮大，十大标志性产业链发展迅速，四大主导产业的规模达 1.6 万亿元。高能级园区的建设全面加速，包括中国算谷产业园、明湖国际细胞产业园等，产业园能级提升明显。举办"项目突破年"活动，筹划绿色低碳高质量发展重大项目 2413 个，产业项目提速强劲，建成省内首个"零碳工厂"。成功举办承办中国企业论坛、第三届儒商大会、中日产业创新发展交流大会、民营企业 500 强峰会、中德（欧）中小企业合作交流大会等重大活动，新设德国、日本国际投资促进联络站，引进世界 500 强、中国制造业企业 500 强项目 56 个。新增进出口实绩企业超过 1500 家，完成进出口总额 2189 亿元。全市亿元以上固定资产投资项目 1767 个，比上年增加 114 个，完成投资比上年增长 15.1%，拉动全市投资增长 8.7 个百分点。

二、"新"，转型升级成效显著

济南市构建起数字化转型"1+4+N"的总体框架体系，锚定"率先建成数字先锋城市"的目标，数字经济规模占 GDP 的比重超过 50%，大力推进制造业数字化转型，并持续推进人才引进、数字基础设施建设等多项措施。先后获评 2023 中国最佳引才城市、中国高质量发展十大标杆城市，入选首批国家知识产权强市建设示范城市、中国城市营商环境创新城市，入围全球人工智能创新百强名单，上榜全球科研城市百强名单、中国外贸百强城市。产业配套方面，新认定总部企业 19 家，获批省级现代服务业集聚区 2 个、服务业创新中心 4 个，规上服务业营业收入突破 4000 亿元。推进国家综合货运枢纽补链强链，国家骨干冷链物流基地配套二期投入使用，获评中国快递示范城市。实施"荷尖行动"，新增上市及过会企业 8 家。黄河流域发展产业投资基金总规模突破千亿，为科技成果转化和高端高质产业项目提供了有力的支持和扶持。

三、"优"，主导产业量质齐升

济南市主导产业在总量提升的同时，在产业价值链中能级也迅速增长。2023 年，济南规模以上工业企业实现营业收入 9208.1 亿元，比上年增长 10.0%，利润总额 419.7 亿元，增长 26.8%。营业收入利润率、成本费用利润率分别比上年提高 0.6 个、0.7 个百分点，亏损企业家数减少 26 家，亏损总额下降 36.7%。大中型企业稳健发展，实现营业收入 6559.3 亿元，增长 11.2%，利润总额达到 320.3 亿元，增长 30.2%，分别领先全市平均 1.2 个、3.4 个百分点。新增 1 个国家级中小企业特色产业集群，新培育的独角兽企业 1 家，专精特新"小巨人"企业 50 家。

第三节　推进举措

一、创新驱动增强发展动力

济南始终将创新驱动作为增强发展动力的核心战略。一是构建"1+3+N"的科技创新平台，其中，"1"是指中国科学院济南科创城，"3"是指国家、省、市三级实验室体系，"N"是指新型研发机构、技术创新中心、院士专家工作站等众多创新载体。通过上述平台，加速构建地方科技创新体系。二是积极培育新型研发机构，鼓励企业进行科技创新和成果转化，形成了一批具有自主知识产权和核心竞争力的科技企业；截至 2023 年，备案省级新型研发机构总数达 71 家，建设山东省技术创新中心 30 家、创新创业共同体 11 家，院士专家工作站 272 家。三是实施数字经济提级赋能，通过持续推进软件名城建设，培育软件名园和软件工程技术中心，加快发展软件和信息技术服务业；通过推进中国算谷建设，巩固提升服务器产业优势，加速突破集成电路产业。

二、提质增效改造传统产业

济南深入实施工业强市发展战略，坚持以"智能制造"为主攻方向，改造传统产业。具体来看，一是实施"工赋泉城"行动，持续夯实网络、提升平台、深化应用、优化生态，推进国家工业互联网公共服务平台建设，提升国家级"双跨"平台赋能水平，开展数字化转型诊断服务。二是实施技改"千项技改、千企转型"的"双千"工程，运用数智技术、绿色技术等先进适用技术为传统产业注入新动能。三是加强政府引领，每年实施山东省技术创新项目 800 项以上，带动新技术、新产品、新工艺研发应用。完善政府首购首用、保险补偿等机制，加大首台（套）装备、首批次材料、首版次软件应用政策支持力度。

三、清洁低碳坚持绿色指引

济南始终坚持清洁低碳、绿色发展的理念。以打造优质发展环境为目标，在交通运输领域，济南积极推动内陆河流航运业发展，打造绿色高效、河海联运的"黄金水道";在城乡建设领域,济南充分挖掘余热利用潜力,推动长距离供热和供热一张网建设;在生态环境领域,济南结合"智慧生态黄河"建设和碳监测评估试点,对碳监测、碳排放等数据进行统一管理和统计分析。以新能源产业带动绿色发展为目标,实施绿色发展能级提升行动。一方面以新能源项目建设为主要抓手,优化能源结构,构建新型电力系统;另一方面构建储能、太阳能、风能、核能、氢能、先进电网"五能一网"的新能源装备产业发展体系,打造具有国际竞争力的新能源装备产业链群。

第十五章

厦门市

第一节　发展概况

一、工业经济支撑有力

2023 年，厦门市全年规模以上工业增加值增长 4.3%，与上年度持平，固定资产投资增长 0.5%。全市规模以上工业大类中有 12 个行业增加值实现增长。计算机、通信和其他电子设备制造业，电气机械和器材制造业，黑色金属冶炼和压延加工业增加值位列前三位，三大行业合计增加值占规模以上工业的 47.7%。至 2023 年末，全市共有规上工业企业 3029 家，其中 936 家产值超亿元，总产值占规上工业的 87.7%。电子、机械两大支柱行业共有规上工业企业 1531 家，占规上工业企业总数量的 50.5%，合计工业产值占规上工业的 61.8%。2023 年，厦门全市规模以上工业企业实现利润 452.64 亿元，营业收入利润率为 5.8%。厦门市工业基础进一步夯实，发展后劲十足。厦门市坚持"项目为王"，2023 年，全市共生成项目 1074 个、总投资 6930 亿元，新增开工项目 1042 个、总投资 3025.5 亿元。制造业投资增长 9.2%，246 个亿元以上产业项目完成投资 536.7 亿元。

二、创新水平进一步提升

厦门市坚持科技创新引领产业创新，重点发力科技创新，创新水平进一步提升。一是创新生态持续优化。2023 年，组织实施 181 个重大技术攻关、"揭榜挂帅"、产学研合作等项目，转化高新技术成果 513 项。二是创新人才队伍持续扩容。实施"群鹭兴厦"人才工程，新增国际化人才 3382 人，吸引近 8 万名高校毕业生在厦就业。三是创新活力持续增强。2023 年厦门市研发投入强度达 3.3%，有效发明专利拥有量增长 19.4%，净增国家高新技术企业超 600 家，总量达 4220 家。截至 2023 年末，厦门市拥有技术先进型服务企业 62 家，省级"小巨人"企业 655 家，国家级科技企业孵化器 10 家，市级科技企业孵化器 44 家。四是创新平台支撑更加有力。截至 2023 年末，厦门市拥有国家、省、市级重点实验室 231 家，工程技术研究中心 128 家，企业技术中心 285 家，国家级博士后科研工作站 34 家，省级博士后创新实践基地 20 家，省、市级新型研发机构 69 家。五是创新成果不断丰富。目前，厦门市拥有发明专利授权量 5375 件。PCT 国际专利申请量 510 件。每万人高价值发明专利拥有量达到 25.2 件。新登记科技成果 513 项，84 项科技成果获省科技奖。

三、"4+4+6"现代化产业体系加快构建

厦门市结合自身发展特点，聚焦先进制造业，加快构建以电子信息、机械装备、商贸物流、金融服务四大支柱产业，生物医药、新材料、新能源、文旅创意四大战略性新兴产业，第三代半导体、未来网络、前沿战略材料、氢能与储能、基因与生物技术、深海空天开发六大未来产业为主的"4+4+6"现代化产业体系，并取得一定成效。一是加快建设步伐。2023 年，厦门市电子信息、机械装备、商贸物流、金融服务四个产业集群总规模超 2 万亿元；战略性新兴产业增加值占规模以上工业增加值的 46.6%；第三代半导体、基因与生物技术、未来网络、前沿战略材料、氢能与储能、深海空天开发等六个未来产业培育步伐加快。二是激发发展活力。厦门市围绕"4+4+6"产业体系开展先进制造业倍增计划和供应链主体倍增计划，规上工业企业、上市企业分别新增 349 家、5 家，新设立外商投资企业 1682 家。三是强化项目支撑。聚焦"4+4+6"产业体系开展大招商、招大商、大员招商，2023 年新增签约项目 739 个、三年计划投资 880.6 亿元，新增招商开工项目 931 个。

第二节　主要特点

一、发挥区位优势深化开放合作

厦门市作为福建省副省级城市、经济特区，东南沿海重要的中心城市，地处海峡西岸，是"一带一路"重要节点、连接亚洲乃至世界的重要枢纽之

一，先进制造业发展区位优势明显。厦门市充分发挥特色优势，深化开放合作，助推先进制造业快速发展。一是对外贸易进一步加强。2023 年，厦门市开展"百展千企拓市场"等活动，实现进出口总额 9470.4 亿元，同比增长2.7%，高于全国、全省水平。其中，对"一带一路"共建国家进出口4607.90亿元，增长 1.4%；对金砖 4 国进出口 1092.50 亿元，增长 14.4%；对 RCEP国家进出口 3156.10 亿元，与上年持平。新能源汽车、锂电池、光伏产品"新三样"出口 454.90 亿元，增长 1.7 倍；进口 4995.95 亿元，增长 9.4%。电子信息产业入选国家外经贸提质增效示范产业，3 项工作获评全国服务贸易创新发展试点最佳实践案例，获批首批全国内外贸一体化试点城市。二是利用外资持续增长。2023 年，新设外商投资企业 1682 家，合同外资 40.65 亿美元，实际使用外资 19.74 亿美元。2023 年设立超千万美元外资企业 73 家，外资合同额达 35.38 亿美元；增资外资企业 22 个。设立全国首只数字人民币台企融资增信基金，新批台资项目数、实际使用台资分别增长 64% 和 408.3%。

二、着力优化营商环境厚植发展沃土

近年来，厦门市积极营造有利于创新创业创造的良好环境，进一步激发先进制造业发展活力。一是营造良好法治环境。细化落实《厦门经济特区优化营商环境条例》，实施再创营商环境新优势助力企业高质量发展行动。海丝中央法务区集聚法务相关机构 900 多家，成为"海丝"核心区标志性工程。持续开展普法宣传行动，构建现代公共法律服务体系，营造厦门市良好法治环境。二是提供高效政务服务。建设厦门市一体化政务服务平台，市行政服务中心事项进驻率达 97.5%，全面实现政务服务事项线上办理、可全程线上办理事项占比高达 84%。三是优化市场发展环境。厦门市积极优化营商环境，出台促进民营经济发展壮大系列措施，深化"益企服务"专项行动，定期举办企业家日活动，常态化开展企业家座谈会、企业接待日等活动。四是厚植民营企业发展沃土。近年来，厦门着力实施企业培育工程，开展先进制造业倍增计划和供应链主体倍增计划，推动民营企业成为厦门更高水平建设高素质高颜值现代化国际化城市的主力军。2023 年，厦门市高新技术企业接近90%、境内上市公司近 80% 为民营企业，厦门市民营企业中，共设立 54 家省级新型研发机构，拥有 150 家国家级专精特新"小巨人"企业及 10 家国家制造业单项冠军企业（产品）。

三、以大带小强化产业链招商

厦门市坚持抓大育小，发挥"链主"企业作用，积极构建大中小企业融通发展的良好生态，推动大中小企业协同创新、强化分工合作及产品配套、共同开拓市场。围绕"链主"企业开展强链延链补链工作，加快做大先进制造业规模。坚持以招引大企业带动小企业为主要思路，深化产业链招商，加大招商引资力度。此外，厦门市不断加大"育小"力度，先后出台《厦门市优质中小企业梯度培育管理实施细则》《厦门市进一步促进企业开拓国内市场若干措施》等政策，强化创新型中小企业、专精特新中小企业、专精特新"小巨人"企业的梯度培育。发挥"链主"企业带动作用，强化产业链上下游环节之间的协同分工，厦门市工业和信息化局联合厦门市国资委举办大中小企业融通对接活动，厦门大企业"发榜"，中小企业"揭榜"，助力中小企业融入大企业产业链供应链。

第三节 推进举措

一、战略推动先进制造业持续发展

近年来，厦门市高度重视先进制造业发展，以先进制造业为载体加速培育新质生产力、加速推进新型工业化、加快构建具有厦门特色的现代化产业体系。2021 年 7 月，厦门市工业和信息化局发布《厦门市"十四五"先进制造业发展专项规划》，提出打造电子信息产业集群成为万亿级产业集群，积极打造、培育壮大高端装备、新型消费、生物医药与健康、新材料 4 个产业链群达千亿，构建数字经济产业生态圈产业重点发展方向，部署加强关键环节与技术突破、加快产学研用一体化合作、加速制造业和服务业融合、深化大中小企业融通发展、构建国内国际双循环体系、促进区域产业一体化布局、推动绿色低碳可持续转型、完善新一代基础设施建设等多项主要行动任务，全力构建厦门特色制造业体系。为进一步推动先进制造业发展，扩大先进制造业发展规模，2022 年 3 月，厦门市人民政府印发《厦门市先进制造业倍增计划实施方案（2022—2026 年）》，聚焦先进制造业，围绕产业规模实现倍增突破，打造 1 家"领航型"的头部企业，壮大一批重点产业的上市企业、龙头企业和骨干企业、培育一批新兴产业的"独角兽"企业、"瞪羚"企业、工业和信息化部制造业单项冠军企业和专精特新"小巨人"企业主要目标，提出促进企业提质增效、赋能企业创新发展，厚植发展根基、助推企业做大做强，保障用地用能、强化资源要素支撑，优化人才保障、营造良好人才环境，完善政府服务体系、提升政府服务效能等多项举措，进一步确立先进制造业发展地位，以顶层设计助推先进制造业持续发展。

二、强化金融支撑先进制造业规模快速扩大

2023年3月，《厦门市关于鼓励企业扩大有效投资促进产业发展提质增效的若干意见》（以下简称《意见》）发布，完善多项基金相关政策，并新设多个基金，打造"财政政策+金融工具"升级版，协同发力支持企业增资扩产，扩大有效投资，为加快建设现代化产业体系、促进经济高质量发展提供有力支撑。《意见》以项目引领、壮大集群、政策协同、强化撬动为主要原则，一是加大工业领域固定投资支持力度，完善技改补助政策，扩大补助范围，加大补助力度，鼓励工业企业增资扩产。二是强化技术创新基金支撑。技术创新基金规模由150亿元扩大至300亿元，向企业增资扩产、技术改造和研发创新提供低成本融资。三是强化中小微企业金融支持。增信基金规模达300亿元，面向全市中小微企业提供信用贷款担保，引导金融机构支持中小微企业扩大生产。四是强化基金支持鼓励供应链协作。设立50亿元的供应链协作基金，其中工业企业供应链子基金25亿元，采取"白名单"管理方式，对列入"白名单"的链主及其协同企业提供融资支持，促进供应链上下游协作扩产。五是设立先进制造业基金。设立首期50亿元，总规模共100亿元的先进制造业基金，以股权投资的方式支持先进制造业项目增资扩产。《意见》将进一步深化资金链、产业链融合发展，发挥金融在先进制造业发展中"放大镜"作用，持续推动厦门市先进制造业扩大规模。

三、着力发展软件和信息服务业，支撑先进制造业高质量发展

厦门市新兴动能不断蓄势聚力，新兴服务业蓬勃发展，结合厦门市发展现状，为进一步支撑先进制造业高质量发展，提供发展新动力，厦门市着力发展软件和信息服务产业，现已打造成为千亿产业链。厦门市工业和信息化局发布的《厦门市软件和信息技术服务业"十四五"发展规划》中强调，深入贯彻"岛内大提升、岛外大发展"发展导向，统筹考虑各区的比较优势和资源禀赋，不断优化资源与要素配置，加快推动软件产业空间聚集，着力构

建"双极驱动，多点共荣"的全市软件产业发展格局。作为配套措施，厦门市发布《厦门市加快推进软件和新兴数字产业发展若干措施》，提出进一步加快软件和人工智能、大数据、区块链、云计算、5G 通信、元宇宙等新兴数字产业高质量发展，将进一步推动厦门市数字经济发展，为数字经济和实体经济深度融合发展夯实基础。

第十六章

东莞市

第一节 发展概况

一、工业发展基础更牢

近年来，东莞市坚持制造业立市，着力发展制造业，2021年实现生产总值10855.4亿元，首次突破万亿大关。2023年实现生产总值11438.1亿元，其中，第二产业增加值6478.2亿元，同比增长1.4%。东莞市聚焦"科技创新+先进制造"，以先进制造作为发展的"根"与"魂"，构建了以先进制造业为基石的"金字塔"式产业体系。2023年，东莞市先进制造业增加值较上年增长0.9%。其中，高端电子信息制造业增长4.3%，先进装备制造业增长0.4%，石油化工产业增长4.7%，先进制造业发展成效明显，带动东莞市先进制造业持续高质量发展。

二、集群发展动力强劲

在工业和信息化部公布的45个国家先进制造业集群中，东莞市共有3个入榜，分别是东莞市智能移动终端集群，与广州市、深圳市、佛山市共同打造的智能装备集群及与佛山市泛家居集群，集群打造成果显著。当前，面对全球新一轮科技革命和产业变革，东莞市在2024年政府工作报告中首次提出开展"人工智能+"行动，打造具有国际竞争力的数字产业集群，并提出将制定未来产业发展规划，创建一批未来产业先导区。东莞市以先进制造业为核心，聚焦"五支四特"产业基础，发力新一代信息技术、高端装备、智能制造、新材料、新能源、生物医药、数字经济七大先进制造业领域，建设七大战略性新兴产业基地，2023 年七大战略性新兴产业基地年产值突破千亿元，持续打造先进制造业集群，集群发展动力更加强劲。

三、企业发展活力更盛

东莞市坚持梯度培育企业，确立企业市场发展主体地位。聚焦先进制造业发展，建设"高新技术企业—瞪羚企业—百强创新企业"发展梯队，给予重点支持。一方面，东莞市企业发展动力更足。2023 年，东莞市新增规上工业企业 1797 家，新增数字化转型企业 1216 家，高新技术企业数量首次突破万家。截至 2023 年底，东莞市共培育制造业单项冠军 94 家，国家级专精特新"小巨人"增至 170 家，A 股上市企业增至 58 家，营收超百亿元企业增至 25 家，22 家莞企入选广东企业 500 强。另一方面，链主企业带动作用更加明显，2023 年，9 条重点产业链链主企业充分发挥引领作用，带动产业链上下游企业协同创新、构建产业发展生态，加快补链强链延链，助力东莞市引进 30 亿元以上重大项目 11 个，亿元以上项目 425 个，协议总投资超过 3600 亿元。

第二节　主要特点

一、创新引领培育先进制造业发展新动能

东莞市聚焦先进制造业发展，建强创新平台、加快成果转化、壮大创新主体、激发创新活力等多措并举，构筑创新生态、提升创新能级。一方面是建强创新平台。以千亿级智能移动终端产业集群为底座，重点布局生物医药、新能源、新材料等先进制造业建设松山湖科学城，在此基础上先后建设中国唯一、全球第四台散裂中子源、南方光源研究测试平台、松山湖材料实验室等研发平台。现有广东医科大学、东莞理工学院等四所高校，香港城市大学（东莞）已投入使用，大湾区大学（松山湖校区）基本建成，进一步夯实产学研协同发展基础。另一方面是加强知识产权保护。东莞市积极完善相关政策强化知识产权保护。为战略性新兴产业基地项目提供快速获权、快速确权、快速维权服务。积极推进知识产权法院东莞分院建设，强化行政执法与司法衔接，切实加大对侵权者的惩戒力度。创新金融服务支撑知识产权，推进产业基地知识产权投融资试点。依托东莞产权交易中心，强化与广深股权交易中心等平台合作，共同运营"莞创板"，为东莞科创企业提供专属的挂牌展

示、股权托管、股权融资、债权融资、资本运营等综合性金融服务。

二、发展数字经济激发先进制造业新活力

东莞市基于雄厚的制造业基础，充分发挥粤港澳大湾区重要节点城市的区位优势，以"制造业引领突围"为核心发展路径，以电子信息制造业为代表，在支柱产业的强力带动下，全力推动数字经济高质量发展，全市数字经济发展取得新突破。一是数字基础设施建设不断完善。2023年，东莞市入选工业和信息化部通报的2023年"千兆城市"。目前，东莞已建成5G基站达30610座，每万人拥有5G基站数29.05个，数字基础进一步夯实。二是数字产业发展成效显著。2020年以来，东莞市着力发展数字经济，以工业互联网、大数据、人工智能、工业软件为代表的软件与信息服务业发展成效显著，营业收入从2020年的95.5亿元增长至2023年的463.4亿元，增长385%，成为东莞市制造业转型升级和信息化建设的重要赋能支撑力量。三是产业数字化持续推进。东莞把握数字经济新机遇，围绕产业链和产业集群，完善政策体系、数字经济产业规划布局，持续推进先进制造数字赋智赋能，深入推进数字经济和实体经济融合，推动经济社会各领域数字化转型，打造"数字东莞"。2023年东莞成为全国首批中小企业数字化转型示范城市，至2023年底，已建成81个智能工厂（车间），新增数字化转型企业1216家，累计达到6407家，全市约一半的规上工业企业已经完成了数字化转型。

三、打造特色产业基地壮大先进制造业集群发展新合力

东莞市锚定先进制造业发展，紧扣先进制造业集群打造，持续巩固提升先进制造业发展水平和产业链供应链韧性，加快高端产业要素集聚，提升先进制造业发展能级，结合各区域产业特色优势，打造松山湖生物医药产业基地、东部智能制造产业基地、东莞新材料产业基地、东莞数字经济融合发展产业基地、东莞水乡新能源产业基地、临深新一代电子信息产业基地及银瓶高端装备产业基地七大战略性新兴产业基地，围绕特色产业基地，强化产业发展政策支持、深化投融资体制改革、着力攻关产业关键核心技术、持续构建企业协同体系，以产业基地内特色产业为基础加速打造先进制造业集群，持续推动东莞先进制造业发展迈向更高层级。

第三节　推进举措

一、坚持科技创新，发展壮大新质生产力

东莞市聚焦"科技创新+先进制造"赋能产业高质量发展，坚持创新驱动产业发展，以先进制造业为载体，以科技创新带动产业创新，强化政策支持，加速培育壮大新质生产力。一是加大政策支持力度鼓励企业加大研发投入。围绕新一代信息技术、高端装备、智能制造、新材料、新能源、生物医药、数字经济等先进制造业，实行"揭榜挂帅"制度开展产业技术攻关行动，对承担并完成核心技术突破任务的单位（或联合体）给予该项技术研发费用最高 50%的资助。鼓励产业基地内企业创建国家级、省级公共服务平台和创新平台，成功获批的国家级、省级重点实验室、工程研究中心、企业技术中心、产业创新中心等，按投资规模的一定比例给予支持。二是"一业一策"支撑产业创新水平持续提升。2024 年 1 月，东莞市印发《关于加快推进新型工业化 高质量建设国际科创制造强市的实施意见》对新一代电子信息、高端装备制造、半导体及集成电路、新材料、新能源、生物医药、软件和信息技术服务、智能检测设备、人工智能及未来产业均作出针对性的创新驱动政策，支持产业攻关核心技术、加速成果转化，推动产业向高端化、智能化、绿色化迈进。

二、坚持数实融合，推动先进制造业智能化发展

近年来，东莞市围绕科技创新引领产业创新发展思路，聚焦先进制造业，全面实施数字经济发展战略，先后制定《东莞市人民政府关于推动数字经济高质量发展的政策措施》《东莞市数字经济发展规划（2022—2025 年）》等文件，构建完善数字经济发展政策体系。在数字产业化方面，陆续出台《东莞市发展新一代电子信息战略性支柱产业集群行动计划》《东莞市发展半导体及集成电路战略性新兴产业集群行动计划（2022—2025 年）》等文件，促进半导体集成电路、智能终端、软件和信息技术服务等电子信息产业基础再造和产业链提升，打造数字经济核心产业发展新优势。不断夯实数字经济发展基础，加快推进数字技术在先进制造业中应用，深化数字经济和实体经济融合发展，持续推动先进制造业智能化发展，加快智能制造进程。在产业数字化方面，出台《东莞市制造业高质量发展"十四五"规划》，提出深化新一

代信息技术与制造业融合发展，加快提升智能制造水平。

三、坚持两业融合，强化服务体系支撑

东莞市坚持把现代服务业作为先进制造业跃升发展的强引擎、加快推进新型工业化的突破点、高质量建设制造强市的关键举措，着力发展现代服务业、深化现代服务业和先进制造业融合发展，以两业高水平融合支撑先进制造业快速发展。一是强化金融服务支撑。2023 年，东莞市 168 家金融机构精准滴灌，创新推出质量贷、数字贷等产品，推动存贷款余额分别增长 11.1%和 9.7%，其中制造业、普惠小微企业贷款增速均超 20%，以金融服务激发先进制造业发展活力。二是强化政策服务。东莞市对标广深争创一流服务，设立东莞民营企业家日、工程师日，普及政务大厅政策兑现优先窗口，重点企业直通车服务扩容至 1000 家，"企莞家"实现规上企业服务专员全覆盖。实施"工改工"融合审批、完工即投产等改革。三是大力发展生产性服务业。2023 年 11 月，东莞出台《东莞市生产性服务业高质量发展三年行动计划》，明确提出发展十大重点领域，实施十大专项行动。并配套发布《关于支持生产性服务业发展的若干措施》提出识别、认定、培育一批市级生产性服务业集聚示范区和生产性服务业特色产业集聚区，针对性制定"一区一策"扶持措施；每年组织考核遴选一批生产性服务业"领航企业"等十条措施。四是打造软件与信息服务产业集群。2024 年 5 月，东莞市工业和信息化局印发《东莞市软件与信息服务产业集群培育发展行动计划（2024—2025 年）》指出，到 2025 年，东莞市规模以上软件和信息技术服务业实现营业收入达到 450亿元，基本建立起产业链完整、集聚度高、拥有关键核心技术，以工业互联网、云计算应用与服务、新型工业软件为代表的特色软件产业集群，强调重点提升东莞软件产业的核心竞争力，推动"东莞制造"向"东莞智造"的高质量发展转变，促进工业化和信息化的深度融合。

第十七章

株洲市

第一节　发展概况

一、全市工业总体情况

株洲是国家在"一五"和"二五"时期重点建设的八个工业城市之一，先后诞生了全国第一辆电力机车、第一台航空发动机、第一块硬质合金等新中国工业发展史上近 400 个"第一"。2023 年，全市规模工业增加值增长 7.1%，增速居全省第 2 位，分别高于全国、全省 2.5 个和 2 个百分点，其中规模工业制造业增长 7.3%，增速居全省第 1 位。工业用电量增长 5.1%，增速排名全省第 3 位。制造业税收突破 100 亿元，总量居全省第 2 位，占地方税收比重超 40%，税收增长"第一动力"作用持续彰显。规模以上工业企业营业收入增长 7.2%，利润总额增长 8.9%。全市园区技工贸总收入、规模工业增加值、上缴税金、高新技术产业营收、研发费用分别增长 11.8%、9.2%、22%、15.4%、16.6%；园区亩均税收达 22 万元，增长 17%。株洲高新区跻身全国园区高质量发展百强榜第 48 位、专精特新百强高新区第 28 位。全市先进制造业综合实力位居全国第 39 位。

二、主导产业发展情况

2023 年，株洲聚焦构建"3+3+2"现代化产业体系，梯次培育世界级、国家级、区域级产业集群，醴陵陶瓷获评国家中小企业特色产业集群、先进电力电子器件及应用产业获批湖南省先进制造业集群，国省级产业集群达 9 个，稳居全省第 1 位。其中：轨道交通和中小航空发动机产业规模分别突破

1600 亿元、350 亿元，分别增长 6.2%、9.4%。先进硬质材料产业获评中国百强产业集群，全国首家硬质合金国际交易中心投入运营。电力新能源与装备制造突破 1000 亿元，达 1047 亿元，成为全市继轨道交通、服饰之后第 3 个千亿产业。北斗产业从无到有，规模突破 30 亿元，湖南省首个工业软件园、华为国内首个工业软件云工程应用创新中心在株建成运营，北斗产业、工业软件成为株洲产业新名片。2023 年 3 月 21 日，李强总理履新后调研首站来到株洲，走进中车株机、株硬集团、山河星航，勉励"株洲的产业集群很有特色，要争做国家级、世界级的产业集群；加快推进北斗示范应用，形成株洲特色"。

三、企业综合实力情况

2023 年，株洲大力实施优质企业梯度培育机制，全年新增规模工业企业 170 家，在库规模工业企业 2138 家；新增国家专精特新"小巨人"企业 24 家、累计 79 家，县市区实现全覆盖，其中国家重点"小巨人"企业 25 家，位居全国第 17 位；新增国家制造业单项冠军企业 9 个、累计 20 个，位居全国第 18 位；新增省级制造业单项冠军 33 个、累计 47 个；净增国家高新技术企业 156 家、累计 1260 家。株洲宏达电子有限公司跻身中国新经济企业 500 强。唐人神首次跻身中国民营经济 500 强。

第二节　主要特点

一、坚持"制造业当家"的战略选择聚焦

株洲因工业而立、因工业而兴、因工业而强。近年来，株洲锚定"三高四新"美好蓝图不动摇，坚持把服务"国之大者"与发挥"株洲所能"紧密结合，走差异化发展道路，集全市之力持之以恒推动制造业高质量发展，加快推进优势产业锻长板、新兴产业拓赛道、传统产业促升级、未来产业抢布局，梯次培育世界级、国家级、区域级产业集群，构建株洲特色的"3+3+2"现代化产业体系，加快打造国家重要先进制造业高地。目前，株洲已建成全球最大的轨道交通装备、先进硬质材料、电瓷研制基地，全国最大的中小航空发动机、日用陶瓷研制基地，国内极具竞争力的新能源装备、高分子新材料、服饰、北斗、工业软件、功率半导体、大数据等产业。株洲市先进轨道交通装备集群和株洲市中小航空发动机集群成功入围工业和信息化部主导

评选的首批 45 个国家先进制造业集群，是全国少数培育建设 2 个国家先进制造业集群的城市之一。

二、独具"厂所结合"的创新比较优势

株洲从老工业基地成长为全国制造名城，发展秘诀就是——复制推广习近平总书记在株洲调研时提出的"研发与生产紧密结合、有机结合，带来了创新能力的提高"的发展优势。比如，中车株洲电力机车有限公司、中车株洲电力机车研究所有限公司、中车株洲电机公司等企业联手促推高铁成为中国智造走出去的金名片。中国航发南方工业有限公司、中航工业航空动力机械研究所、山河星航实业股份有限公司等企业携手促成株洲在全国中小航空发动机、轻型运动型飞机的国内市场占有率分别达 90%、75%以上。目前，全市建成以行业唯一的国家先进轨道交通装备创新中心为代表的国家级重大创新平台 66 个，万人发明专利拥有量 30.8 件。全市 90%的研发投入、创新平台、技术人才、科技成果均来源于企业，全社会研发投入总量占 GDP 比重达到 3.27%，连续五年位居全省第 1 位。

三、富有"扩散裂变"的二期发展现象

株洲坚持打造以降成本为核心的产业生态，全力支持优势产业、优势企业依托先进技术、创新团队加快扩散裂变发展，在本地形成更多的"二期现象"。比如，中车株洲电力机车研究所以算法、器件、材料三大技术为"根"，循着"走好两条钢轨，走出两条钢轨"的战略方向，裂变发展轨道交通、新材料、新能源、电力电子器件、汽车电驱、海工装备、工业电气、智轨快运系统等八大产业板块。其中，大功率半导体、PI 膜、芳纶、减震降噪等产品打破国外垄断，风电叶片跻身全球三大供应商。株洲宏达电子有限公司与 11 个创新团队组建项目公司，成功孵化出株洲宏达陶电、株洲宏达磁电等 11 家科技型中小企业，成为国内产业集群投资领域的企业标杆。

第三节　推进举措

一、"点"上夯基垒台，梯度培育具有竞争力的优质企业

紧盯市场主体"根本点"，全力推动小微企业规模发展、中小企业创新发展、优质企业裂变发展、链主企业领航发展。一是推动规模以上工业企业

总量提档。建立健全市级统筹、区县负责、部门协作的工作机制，力促规模以上工业企业净增量提升。近年来，全市规模以上工业企业数量稳定在2000家以上。二是推动企业发展质量提标。全市现有国家专精特新"小巨人"企业79家，位居全国同类城市前列，其中国家重点"小巨人"企业25家，位居全国第17位。拥有国家级制造业单项冠军20个，位居全国第18位。三是推动上台阶企业增量提级。用好市级领导对口联系等常态化服务机制，助力企业发展壮大。3家企业入选国务院国资委创建世界一流专精特新示范企业名单，12家企业实现A股上市、2家企业实现港股上市。

二、"线"上强筋壮骨，聚力打造行业领先的标志性产业链

聚焦产业链条"支撑线"，党政一把手等市领导担任链长，高位推动13条标志性产业链加快迈上价值链中高端。一是以科技创新"强链"。发挥"厂所协同"创新优势，着力搭平台、攻技术、促转化。全市建成国家先进轨道交通装备创新中心等国家级重大创新平台66个，突破关键核心技术260多项，成功研制全球最大功率电力机车、全国首款油电混合通用飞机等一大批高端装备。二是以精准招商"补链"。编制"两图两库两池两报告"，聘请院士专家、企业家担任招商顾问，大力开展产业链招商。中车双碳产业园、先进硬质材料产业园等投资过100亿元的项目落地开工。三是以优势裂变"延链"。制定专项政策，支持龙头企业扩散裂变，培育一批具有产业链控制力的生态主导型企业。中车株洲所深耕"器件、材料、算法"三大内核技术，业务扩散至八大领域、孵化裂变两家上市公司。四是以数智赋能"升链"。发挥大企业优势，链式带动上下游企业加快智转数改网联，推动产业高端化、智能化、绿色化、融合化。株洲已建成全国知名的千兆城市、北斗产业园以及中南地区最大的数据中心、湖南省首家工业软件园，拥有国家智能制造标准应用试点2个、国家绿色工厂38个，获评国家产业转型升级示范区优秀城市。

三、"面"上立柱架梁，加快建设引领世界的产业集群

围绕产业集群"发展面"，注重发挥比较优势，坚持把产业集群建设摆到更加突出位置，梯次建设世界级、国家级、区域级产业集群。一是优势产业拉长长板。株洲市政府和产业促进机构编制并实施推动轨道交通装备集群和中小航空发动机集群的三年行动方案，推动株洲市2个国家先进制造业集

群加快向世界级产业集群跃升。全国首批产业链供应链生态体系建设试点进展顺利。航空冰风洞等大科学装置加快建设。先进硬质材料产业正全力冲刺国家先进制造业集群。二是战略性新兴产业补齐短板。聚焦"卡脖子"领域，支持企业加强技术攻关，推动战略性新兴产业集群发展。半导体用高性能碳化硅 CVD 涂层及制品实现自主创新，芳纶、PI 薄膜等新材料打破国际垄断。现代高分子新材料获批省级产业集群。三是传统产业推进转型升级。大力推进醴陵陶瓷、芦淞服饰等传统产业加快数字化改造、智能化升级。目前，芦淞服饰产业获批省级产业集群，规模达 1200 多亿元；醴陵陶瓷获批国家中小企业特色产业集群。四是新兴和未来产业开拓新局。立足自身产业优势，前瞻布局未来产业，因地制宜培育新质生产力。北斗、工业软件、功率半导体、永磁动力等一批未来产业已初具规模。先进电力电子器件及应用产业获批省级先进制造业集群。湖南省首个工业软件园在株建成运营。北斗规模应用国际峰会有望永久落户株洲，"天上星星参北斗、北斗园区看株洲"成为株洲产业新名片。

四、"体"上积厚成势，积极构建国内一流的产业生态

着眼产业生态"综合体"，持续涵养上下游协作、大中小融通、产供销协同的发展生态。一是培育品牌园区，提升产业承载力。以创建"五好"园区为目标，深化"六大"改革、亩均效益评价，推动园区向泛投资机构转型。持续推进园区提质改造升级，世界级田心轨道城、凤凰航空城正加速成型。二是打造品牌服务，增强环境吸附力。创新推出"制造名城政企早餐会""企业办事不求人"等机制，大力开展"三送三解三优"和服务企业"一降一升"行动，加快完善企业服务体系，打造以降成本为核心的营商环境。每年举办"国企带民企 大手牵小手"系列活动，壮大产业集群规模，促进中小微企业成长，累计促成本地合作项目金额超 30 亿元。总规模 200 亿元的先进产业集群发展母基金设立运行。株洲营商环境综合评估连续多年位居全省前列；在 2023 年全国工商联组织的"万家民营企业评营商环境"活动中，株洲在全国的营商环境排名为 52 位。三是举办品牌活动，扩大生态影响力。按照"一集群一品牌一活动"思路，连续举办北斗规模应用国际峰会、中国国际轨道交通和装备制造产业博览会、湖南（国际）通用航空产业博览会等一批国家级产业活动，策划举办功率半导体行业联盟国际学术论坛、中国先进硬质材料及工具国际博览会等一批行业顶级活动，持续汇聚人才、擦亮品牌。

第十八章

宜春市

第一节　发展概况

一、产业体系进一步优化

近年来，宜春市坚持以发展先进制造业为主要方向，持续优化产业结构，持续深耕新能源（锂电）、节能环保（循环经济）、建材家具、生物医药（大健康）、电子信息、绿色食品（富硒）、先进装备制造、纺织鞋服的"1+3+N"产业体系，加速构建以先进制造业为骨干的现代化产业体系。2023 年，锂电新能源、生物医药、电子信息、先进装备制造、建材家具、绿色食品、纺织鞋服和节能环保等八大重点产业工业增加值同比增长 3.6%，其中锂电新能源产业增长 13.8%，电子信息产业增长 10.3%，绿色食品产业工业增加值增长 3.7%。装备制造业工业增加值增长 1.8%，占规模以上工业增加值的比重为 25.3%，八大重点产业对宜春市先进制造业的支撑力度进一步增强。此外，宜春市围绕八大重点产业实施产业集群梯次培育行动，在全省率先开展市级先进制造业集群竞赛，效果显著。宜春市锂电新能源、生物医药、建筑陶瓷等先进制造业集群在初赛中胜出。樟树金属家具、袁州医药、高安建陶产业集群获批省级中小企业特色产业集群。新增省级产业集群 1 个，总数 16 个。获评五星、四星、三星级产业集群各 1 个、1 个、4 个，总数居全省第 1。樟树工业园区获评产业集群高质量跨越式发展示范园区。

二、数智化转型步伐加快

2023 年，宜春市围绕深入落实《宜春市制造业重点产业链现代化建设"869"行动计划（2023—2026 年）》，出台制造业数字化转型行动方案，明确在基础、企业、产业、生态等四个维度发力，推动制造业企业智能化改造和数字化转型稳步推进。2023 年，宜春市宜春经开区、高安入选全省首批产业集群和中小企业数字化转型试点，全市入选省级"小灯塔"企业培育名单 13 户、获评省级两化融合示范企业 143 户（其中三星 14 户，二星 70 户，一星 59 户）、获评省级"5G+工业互联网"应用场景 6 个、获评省级"5G+工业互联网"示范企业 5 家、获批省级培育工业互联网平台 4 个、获批省级数字化转型促进中心 2 个、新增国家级两化融合贯标企业 289 户、新增省级智能制造标杆企业 8 户，累计 27 家。此外，宜春市开展工业互联网一体化进园入企活动，新增省级工业互联网平台 1 个、培育平台 3 个；获批省级数字化转型促进中心 2 个、省级"5G+工业互联网"应用场景 6 个、示范企业 5 家。宜春市获评工业互联网安全保障能力提升活动成效突出地区。遴选培育工业信息安全技术服务支撑机构 13 家、智能制造系统解决方案供应商 1 家。省级服务型制造示范企业、示范项目分别增加 3 家和 1 个，累计 12 家和 2 个。

三、绿色发展更加深入

宜春市围绕全市工业领域碳达峰，一是开展自查自纠。开展锂电、铅酸蓄电池、有色冶炼和化工等重点行业生态环境问题大排查大整治，所有问题全部销号。强化工业节能专项监察，对 21 家企业完成省级专项监察工作，自主对 24 家企业完成市级能耗限额专项监察，指导各地完成 134 家重点耗能企业能耗限额专项监察工作。二是推动绿色制造体系建设，国家级、省级绿色园区分别增加 2 个和 1 个，累计 5 个和 6 个，列全省第 1 和第 3；国家级、省级绿色工厂分别增加 4 家和 10 家，累计 28 家和 49 家，均列全省第 1；睿达新能源获评省级绿色供应链示范企业，填补空白；新增再生资源综合利用规范企业 5 家，累计 16 家，全省第 1；新增省级节水型企业 18 家，累计 20 家。推荐 15 件产品申报列入全省绿色建材产品目录。

第二节　主要特点

一、充分发挥资源优势建设首位产业

宜春市矿产资源丰富，种类繁多，拥有世界上最大的锂云母矿，其中已探明备案的氧化锂资源量为 756.43 万吨，多年来，宜春市始终坚持把锂电新能源产业作为首位产业强势推进。带动宜春形成贯通锂资源—锂材料—锂电池—锂应用—锂回收的新能源（锂电）全产业链。截至 2023 年底，宜春拥有锂电新能源产业链上下游投产企业 257 家，2022 年、2023 年连续两年营业收入突破千亿，2023 年全产业链营业收入 1044.8 亿元，利润总额 104.59 亿元，产业链上、中、下游营收占比分别为 49.20%、37.32%、13.48%；在建项目 134 个，投资总额 1505.43 亿元。拥有上市企业或上市公司控股企业 23 家，高新技术企业 45 家，种子独角兽企业 1 家，瞪羚企业 7 家。在此基础之上，宜春市着力构建锂电新能源产业生态，编制产业发展规划、出台产业指导意见、制定产业发展政策，打出一系列组合拳，围绕顶层设计、招大引强、项目推进、科技创新、金融资本、人才引育等方面强化要素保障。编制出台《宜春市锂电新能源产业中长期发展规划（2023—2030 年）》，按照"上游控、中游拓、下游争"的思路，全力打造"锂盐、锂离子电池材料、锂离子电池"三个具有全国影响力的产业基地，不断拓展延伸钠离子电池、光伏、风电等新能源产业赛道。

二、聚焦中小企业开展纾困帮扶工作

一是加强培训、帮扶。由宜春市工业和信息化局承办的民营企业家座谈会和促进中小企业发展工作会，围绕企业培育、智改数转、绿色发展等专题开展企业培训，参训企业累计超 1500 户。2023 年，宜春市协助企业争取省级工业发展专项资金10710万元，兑现市县两级中小企业选优扶强资金10048万元，在江西省率先完成无分歧拖欠企业账款清欠工作。二是持续开展企业特派员大走访和产业链帮扶。2023 年，宜春市共协调解决企业问题 390 个，开展产业链招商活动 625 场、产销对接活动 70 场、产融对接活动 55 场、人才用工对接活动 258 场。三是抓项目稳投资。编制产业赛道招大引强指南，先后赴苏州、成都举办招商推介会，共签约项目 24 个，签约资金 164.8 亿元。全年推进亿元以上工业项目 547 个，完成投资 1407.3 亿元，217 个项目竣工投产，形成一批新产能。编制技改投资指导目录，兑现市县两级工业技改专项补助 15208 万元，撬动企业技改投资 86.7 亿元，全年推进 500 万元以上技改项目 259 个。

三、梯度培育企业夯实发展基座

2023 年 11 月，宜春市人民政府关于印发《宜春市制造业重点产业链现代化建设"869"行动计划（2023—2026 年）》中提出，围绕八大重点产业，实施链主企业选育行动，围绕优势产业链动态筛选一批龙头骨干企业，制定

"一企一策"定向培育计划；推进全市工业发展专项、工业技改专项等政策资金重点支持链主企业，不断扩大龙头企业发展规模。聚焦重点产业链龙头骨干企业，集中力量招引一批重大产业链项目。支持中小企业专精特新发展，不断夯实创新型中小企业、专精特新中小企业、专精特新"小巨人"企业、制造业单项冠军等优质中小企业梯度培育基础。制定出台专精特新企业培育三年行动计划，开展链主企业选育和中小企业梯度培育工作，强化入规入统指导服务，遴选链主企业、专精特新"种子企业"，探索开展预培预训。2023 年，宜春市获批国家级专精特新"小巨人"企业 10 家，总数达 36 家；获批省级专精特新中小企业 170 家，总数达 539 家；获批省级创新型中小企业 228 家、制造业单项冠军企业 2 家；新增小微型企业创新创业示范基地 1 个、小微型企业创新创业示范基地 3 个。全年净增规上工业企业 356 户，总数达 2524 户。

第三节　推进举措

一、全市统筹加快构建现代化产业体系

一是持续优化产业结构，打造首位产业先进制造业集群。市委、市政府对加快构建现代化产业体系、推进新型工业化作出全面部署，将"全力打造国家级新能源产业重要集聚区"列入全市"五个突破"专项工作，宜春市工业和信息化局制定《宜春市锂电新能源产业中长期发展规划（2023—2030年）》，按照"上游控、中游拓、下游争"发展思路，加强产业链中后端项目和补短板项目引进，推动锂电池及关键材料等重点项目建设，引导重点企业充分释放产能。加强区域联动，联合新余、赣州共同打造国家级锂电新能源先进制造业集群。二是坚持错位发展，构建具有宜春特色的现代化产业体系。制定出台《加快传统行业转型升级的实施意见》，推动传统产业高端化、智能化、绿色化、融合化发展；培育壮大以生物医药产业、电子信息产业、装备制造业等为代表的新兴产业；实施未来产业培育专项行动，出台《宜春市加快培育发展未来产业三年行动计划》，围绕人工智能、新型储能、合成生物等前沿领域，以科技成果转化为着力点，推动有条件的工业园区规划建设中试产业基地，加快培育新质生产力。

二、多管齐下增强中小企业发展信心

中小企业作为产业发展的生力军，在宜春市产业发展中占据重要地位，

宜春市开展一系列工作增强中小企业发展信心,积极发挥中小企业发展骨干力量。一是助力中小企业纾难解困。召开总链长"一产一现场会",推动各产业链定期召开链长制会议,协调解决一批企业实际问题。制定出台促进中小企业发展领导小组和减轻企业负担领导小组年度工作计划,召开促进中小企业发展工作会议,推动落实支持中小企业发展的各项政策措施。充分发挥市领导联企帮扶、企业特派员大走访等机制,搭建问题快速反馈通道。二是强化金融支持。开展企业融资需求摸底,推进银企深度对接,推动小微企业融资担保政策落实。三是加强中小企业培训辅导。组织企业参加管理创新、专精特新等主题培训。开展涉企政策执行情况评估、省级先进制造业促进条例宣讲。

三、发挥县区产业特色优势壮大先进制造业

宜春市积极发挥县区特色产业优势,以县区产业发展为基础下好全市一盘棋,着力打造先进制造业集群,持续推动先进制造业高质量发展。《宜春市制造业重点产业链现代化建设"869"行动计划(2023—2026年)》明确指出,以宜春经开区国家锂电新能源高新技术产业化基地、国家火炬宜春袁州锂电新能源特色产业基地、中国·万载锂电新材料基地、省级新能源产业集群、省级绿色高效储能系统循环产业集群为基础打造锂电新能源先进制造业集群;围绕丰城国家"城市矿产"示范基地和中国再生铝基地、省级盐化基地、万载全国大宗固体废弃物综合利用基地壮大节能环保(循环经济)产业链,打造全国知名的绿色示范基地;推进建设高安建筑陶瓷国家新型工业化产业示范基地、省级精品陶瓷产业基地、樟树中国金属家具产业基地打造宜春建材家具产业链成为具有全国影响力的建材家具制造与贸易中心;围绕樟树中药产业国家新型工业化产业示范基地、袁州医药省级新型工业化产业基地,打造具有全国影响力的生物医药产业集群;支持宜春经开区省级 5G 科技产业基地、高安国家绿色光源高新技术产业化基地、省级绿色照明产业基地围绕半导体照明及显示、智能终端重点领域,打造中部地区重要的电子信息元器件配套生产基地;以省级绿色等食品产业基地、省级生物食品产业基地、省级有机食品产业集群为重点,打造中部地区绿色食品(富硒)产业示范基地;进一步提升省级装备制造产业集群、省级智能装备制造产业集群、省级硬质合金集群发展水平,打造中部地区重要的先进装备生产基地;加快中国新兴纺织产业基地、省级鞋业产业基地建设,打造中部地区纺织鞋服产业示范基地。

第十九章

宝鸡市

第一节　发展概况

一、制造业规模不断扩大

目前，宝鸡市工业涵盖 35 个行业大类、256 个行业小类，宝鸡市工业实现了量的合理增长和质的有效提升。2023 年，宝鸡市工业增加值占 GDP 比重为 46.1%，制造业增加值占 GDP 比重为 38.5%，位居陕西省第一。全年规上工业总产值同比增长 5.0%，规上工业增加值同比增长 4.9%，高于全国平均增速 0.3 个百分点。同时，宝鸡市工业企业已超 8000 户，规上工业企业 997 户，同比增长 6.1%，全市的工业企业税收占全市总税收的 77.9%。

二、产业结构逐步优化

2023 年，宝鸡市先进制造业增加值增长 5.7%，拉动全市规上工业增加值增长 2.5 个百分点。钛及新材料、优势装备制造、汽车及零部件、现代能源化工、特色产品五大产业集群增加值增长 6.8%，高于全市规上工业增速 1.9 个百分点，占规模以上工业增加值的 79.9%，较去年提升 2.2 个百分点。2023 年，湖北中一电子材料产业基地、中墨纺织产业园、高端钛合金产业园、广西纳维生物电池、聚瑞芯半导体材料、蔚元智能传感器、中车新能源等 59 个项目成功签约，先进制造业占比逐年提升。

三、数字化转型全面加速

数字化转型一直是宝鸡制造业质量提升的主要抓手，2023 年，宝鸡市新增国家级智能制造示范企业 2 户，累计达到 4 户，位居陕西省地级市第一。新增国家两化融合贯标企业 178 户，同比增长 144%，占陕西省总量的 23.3%，累计达到 258 户。新增国家 DCMM 贯标企业 24 户，占陕西省总量的 29.7%。新增国家数字化转型贯标试点企业 11 户，占陕西省总量的 31.4%。同年，陕西省新增国家工业互联网试点示范企业 3 户，占陕西省总量的 60%，累计达到 8 户。西凤酒股份公司是陕西省唯——家五星级上云企业。

第二节　主要特点

一、创新驱动产业发展取得新成效

宝鸡市持续优化创新生产要素配置，积极推进科技成果转移转化，取得了较为丰硕的成果。2023 年，宝鸡市规上工业企业研发投入达 32.04 亿元，完成技术合同认定登记 431 项，完成成交额 45.51 亿元，同比增长 19.16%。截至 2023 年，宝鸡市拥有 7 家国家级企业技术中心，占陕西省总量的 17.1%，新增省级企业技术中心 7 个，累计已达 67 个，占陕西省总量的 13%，位居陕西省地级市第一。

二、先进制造业集群化发展加快

近年来，宝鸡发挥优势积极打造三大产业集群。钛产业中小企业集群成功入选国家级中小企业特色产业集群，2023 年，宝鸡市钛及新材料产业集群规上工业企业为 158 户，钛材加工量为 7 万吨，产业规模居世界首位，拉动规上工业增长 0.1 个百分点。汽车及零部件产业集群引进 7 个配套项目，总投资达 40 亿元，2023 年，宝鸡市规上工业企业 85 家，整车产量为 15.56 万辆，同比增长 106.2%，拉动规上工业增长 3.2 个百分点，是宝鸡市工业增长的重要引擎。2023 年，宝鸡市装备制造产业集群规上企业为 149 户，拉动规上工业增长 0.6 个百分点，宝鸡钢管研发的集输油用聚酯增强型非金属柔性复合管达到国际先进水平。

三、企业梯度培育体系效果显著

宝鸡市聚焦 13 条重点产业链，狠抓专精特新中小企业培育，开展省级专精特新和国家级"小巨人"企业创建等工作，带动中小企业发展，目前已形成较为优质的企业梯队。2023 年，宝鸡市新增国家高新技术企业 73 家，

有效高新技术企业已达 489 家，同比增加 17.5%；新增国家级专精特新"小巨人"企业 7 户，占陕西省总量的 17.5%；新增国家级制造业单项冠军 1 家，累计达到 7 家，位居西北地区第二；新增国家科技型中小企业 191 家，累计达到 728 家，同比增长 35.6%。

第三节　推进举措

一、聚焦政策引领，打造先进制造业排头兵

宝鸡市整合延续原有工业政策，发布"1+5+N"系列政策以推动制造业高质量发展，加快构建以先进制造业为核心的现代产业体系。其中，1 即《宝鸡市坚定不移做强工业行动方案》，这是宝鸡市工业高质量发展的纲领性文件，提出加快推进工业强市"15531"工程，主要聚焦优势产业集群、新兴产业集群，围绕科技创新、企业梯队培育、产业园区提档升级等九个方面进行了细致的部署。5 即《宝鸡市促进制造业高质量发展若干政策》，包括科技创新、人才引育、企业培育、品牌建设、金融支持等 5 个方面 29 条政策措施。N 即《宝鸡市 13 条产业链提升三年行动计划（2023—2025 年）》，是宝鸡为全市钛及新材料、轨道交通、汽车、输变电装备、数控机床、新能源、石油装备、航空航天、乳制品、白酒、生物医药、机器人、传感器 13 条重点产业链专门制定的，主要内容包含进一步明确 13 条产业链产业布局，提出发展方向、发展重点，推动各产业链重点任务清单化、项目化、工程化。

二、聚焦新质生产力，增强高质量发展创新动力

宝鸡市坚持把金融支持作为创新驱动发展和经济稳增长的重要支撑，积极打造健康的金融体系，宝鸡高新区成立科技孵化金融服务超市，首推"小微贷""科技贷""创新积分贷"等金融产品 20 款。高质量建设创新平台，提升整体创新水平，宝鸡市相继建设秦创原·秦川集团高档工业母机创新基地、工业自动化智能传感器共性技术研发平台、"四主体一联合"精密测高测速技术工程技术研究中心、西北有色金属宝鸡创新研究院、陕汽集团专用汽车岐山研究院等高等级创新平台。聚焦科技成果转化，与西安建筑大学等高校签署框架协议，打造宝文理宝光陶瓷"联合实验室"，建立西安理工华光科技"产学研合作基地"。

三、聚焦产业链，做好产业升级和数字化改造

宝鸡目前共打造了钛及新材料、轨道交通、汽车、输变电装备、数控机床、新能源、石油装备、航空航天、乳制品、白酒、生物医药、机器人、传感器等 13 条重点产业链，四大班子主要领导分别担任四大优势产业集群的"群长"，市级副职领导分别担任 13 条产业链的"链长"，通过群长制+链长制，进行产业链招商，产销对接，产业链技术攻关等工作。深入推动陶瓷、机械加工、水泥、纺织等传统产业技术改造，提升其附加值和竞争力。实施企业数字化赋能和数字化转型专项行动，推进云计算、人工智能、5G、物联网等新一代信息技术与先进制造业结合，进行机器换人，推动数字化、智能化转型升级。

第二十章

孝感市

第一节 发展概况

一、主要指标稳步提升

2023 年，孝感全市规上工业增加值同比增长 8.2%，位居全省第 6 位；工业投资增速 25.5%，高于湖北省平均水平 15.5 个百分点，位列全省第 4、可比市州第 2；工业技改投资同比增长 26.6%，高于湖北省平均水平 19 个百分点，位列全省第 2，可比市州第 1；规上工业销售产值同比增长 4.0%，产品销售率 95.6%；高技术制造业增加值同比增长 20.1%，占规模以上工业增加值的比重为 7.5%；新增规上企业 246 家，创历史新高，总数达到 1471 家。自 1993 年建市至今，在经历了由农业大市向工业强市转化、由农业主导型经济向制造业主导型经济转变后，孝感正在推动工业经济向更高质量快速发展。

二、"4+2" 主导产业格局基本形成

产业是高质量发展的顶梁柱，也是孝感城市核心竞争力的硬支撑。1993 年建市之初，孝感工业基础相对薄弱，主要以化工、建材、纺织、食品饲料和机械电子为主，后经过七次调整和归并，最终形成了聚焦纺织服装、纸（卫）塑包装、盐磷化工、食品加工四大传统产业，以及光电子信息、装备制造两大新兴产业的 "4+2" 主导产业体系发展思路。2023 年，六大产业合计实现增加值同比增长 4.7%，占规模以上工业增加值的比重达 58.6%。纺织服装产业提档升级步伐加快，成功组建了孝感华纺供应链平台，集聚了 1864 家链

上企业，数量位居全省第二，产业规模全省第一，2023年实现营业收入超600亿元。纸（卫）塑包装产业集聚增长转型加速，全市生活用纸、卫生用品和包装用纸产能位居全国首位。盐磷化工产业特色日渐显现，已基本形成以盐化工、磷化工、精细化工等为重点、具有竞争优势的化工产业集聚区，应城井矿盐化工获批国家级特色产业集群。食品加工产业示范效应不断凸显，拥有省级隐形冠军示范企业3家，科技"小巨人"企业3家，省智能制造试点示范企业2家，安陆市获评国家农产品质量安全示范县，已打造出"孝感麻糖""云梦楚河鱼面"等一系列知名品牌。光电子信息产业蓄势待发，高新区激光、电子元器件和物联网传感器，孝昌安陆印制电路板，汉川光缆光器件以及云梦安陆的电子新材料等几大板块基本成型，近三年营业收入和税金增幅位居第一。装备制造产业倍增壮大，三江产业园、航天重工产业园、安陆粮机产业园3个装备特色园区发展稳健，高新区智能装备制造产业园、激光产业园加快建设，特种装备、农机装备、工业机器人、节能环保装备和激光装备等细分领域势头强劲活力迸发，"4+2"主导产业格局基本形成。

三、重大项目突破明显

孝感市全面开展招商引资"比拼跃升"行动，加速推进重大项目高质量建设，落实"211"工作举措，成功引进多个行业领军企业，同时带动相关产业链企业落地孝感；多个优质企业增资扩产，为孝感市工业经济高质量发展注入新的活力。通过开展全市工业项目"看学比促"拉练活动，大力营造"比学赶超"的浓厚氛围，按照"平均每天签约2个亿元以上产业项目、平均每天开工1个亿元以上产业项目、平均每两天投产1个亿元以上产业项目"的工作要求，着力推动项目建设，挺起发展的"硬脊梁"。2023年，孝感市新签约、开工和投产的亿元以上产业项目数量均创历史新高，分别达到764个、406个和239个，新签约项目金额接近5000亿元。30个省级重点项目完成投资278.7亿元。77个孝汉同城化发展重大项目、33个重大合作事项落地见效。

第二节　主要特点

一、构建专精特新企业梯度培育体系

孝感市高度重视中小企业培育工作，将培育中小企业走专精特新之路作

为实施"新型工业化大推进战略"、加快建设制造强市的关键举措。从发展方向、科技含量、发展前景三个维度遴选企业，通过"一企一策"跟踪服务，市级领导当好服务企业"大掌柜"，74 支市直工作队当好"店小二"，驻厂服务员全力包保服务，帮助专精特新等优质企业解决突出问题，提供全生命周期的培育，引导企业专业化、精细化、特色化、新颖化发展，聘请第三方机构对拟申报国家级专精特新"小巨人"企业逐一走访辅导、把脉问诊，帮助企业提升公司治理、技术工艺、数字转型等方面的能力，构建创新型中小企业—专精特新中小企业—专精特新"小巨人"企业梯度培育体系，带动中小企业量质齐升。市财政统筹不少于 3000 万元的制造业高质量发展专项资金，对获批的专精特新"小巨人"、专精特新中小企业、创新型中小企业分别奖励 50 万元、30 万元、5 万元。同时，在企业融资、研发平台建设、知识产权运用、人才培育等方面给予支持。截至 2023 年底，孝感市成功培育了 640 家创新型中小企业、培育省级专精特新中小企业 291 家、专精特新"小巨人"企业 34 家，分别居全省第 3、第 5、第 4 位，梯度培育体系成效显著。

二、推进数转智改助力产业转型升级

孝感市深入开展科技成果赋智中小企业专项行动，持续开展企业"上云用数赋智"，推进"机器换人、设备换芯、生产换线"，推动工业互联网标识解析二级节点功能完善和产业化应用。2023 年以来，全市新增上云标杆企业 2 家，累计数量达 7 家，工业互联网标识解析二级节点（孝感）上线运营，累计接入企业 235 家。49 家企业首次通过国家"两化融合"贯标，30 家企业获评省级"两化融合"示范企业，新增国家级绿色工厂 6 家、国家级工业产品绿色设计示范企业 1 家，已建成 5G 基站 6023 个，基本实现城乡一体化覆盖，千兆光纤网络覆盖率达到工业和信息化部千兆城市建设标准，工业企业数字化转型升级步伐进一步加快，1 家企业成功入选 2023 年第一批湖北省 5G 全连接工厂名单。

三、推进制造业集群高质量发展

集群是产业分工深化和集聚发展的高级形式，培育发展先进制造业集群是优化稳定产业链供应链、推动制造业集群高质量发展的重要举措。孝感市高度重视产业集群发展，经过多年培育，孝感纺织服装成为全省产值规模第一的产业集群，汉川食品产业集群为全省第二大食品产业集群，孝南纸卫品产业集群不断扩张，实现了全国十强的卫生用品企业 5 家集中在孝感。应城市井矿盐化工产业集群依托井矿盐资源，拓宽盐产业链条，形成了"井矿盐—井矿盐化工—化工新材料"产业链，通过技术革新延链，辐射带动生物医药、绿色建材、航空航天等产业协同发展，并成功入选 2023 年国家级中小企业特色产业集群。同时，汉川市纸质包装印刷产业集群、云梦县电解铜箔新材料产业集群获评 2023 年省级成长型产业集群。截至 2023 年末，孝感市累计获批国家级中小企业特色产业集群 1 个，省级成长型产业集群 8 个，初步实现企业集聚、要素集约、服务集中、技术集成的集群发展格局。

第三节　推进举措

一、实施工业经济"赋能挺脊"行动，推动发展能级跃上新台阶

孝感市坚持"大抓工业、抓大工业、把工业抓大"鲜明导向，推动工业经济高质量发展，发展能级跃上新台阶。2023 年，孝感市召开了建市 30 年以来规格最高、规模最大的全市工业经济高质量发展大会，全面启动工业经济"赋能挺脊"行动，明确提出了包括推动传统产业转型发展、推动新兴产业倍增发展和突破性发展、实施中小企业成长工程、实施龙头企业培育计划、打造专精特新企业方阵、强化招商引资、深化包保服务等 18 条行动路径，着力提升工业经济含金量、含新量、含绿量，加快建设武汉都市圈产业协作配套基地、全国先进制造业强市。同时，孝感市把投资和项目建设作为工业经济的主抓手，综合施策、统筹实施以重大项目、招商引资、要素保障和营商环境为主要内容的"七大行动"，激发"乘数效应"，形成推动工业经济发展强大合力。

二、持续育新改旧，助力提升企业发展竞争力

自主创新是工业企业发展不竭的源泉。近年来，孝感市连续出台《市人民政府关于印发进一步激发全市科技创新活力的若干措施的通知》等多项政策文件，持续加大奖补力度，激励各类主体开展科技创新。2023 年，全市兑现科技创新相关奖补资金 9200 余万元，较 2022 年增长 75.7%，创新活力得到进一步激发。2023 年，孝感全市高新技术企业总数达到 818 家，科技型中小企业总数达到 2222 家，湖北省科创"新物种"企业达到 90 家，新建科技

型企业孵化器、众创空间 25 个，其中国家级孵化器 2 个，全市 90%以上的高新技术企业与省内外高校院所建立了合作关系，省级以上研发平台 268 个、市级研发中心 223 家，累计建设院士专家工作站 136 家。在鼓励创新的基础上，孝感大力实施"技改提能、制造焕新"，实行"八个一"（一个优势产业、一名市级领导、一个牵头部门、一支专家团队、一个行动方案、一套支持政策、一个工作专班、一笔资金保障）工作机制，加快食品加工、纺织服装、盐磷化工及纸塑包装四个传统产业集群的扩量提质，积极推进"机器换人、设备换芯、生产换线"，滚动实施一批重大技术改造项目，坚持对传统产业进行改旧育新，赋能提质，推动传统产业向高端化、智能化与绿色化发展。例如，孝感一直坚持对沿江化工企业进行关改搬转并淘汰落后产能，提高大宗工业固体废弃物、废旧金属、废弃电器电子产品等的综合利用水平，拓展磷石膏制品应用渠道，确保磷石膏综合利用率超过 55%。

三、优化营商环境，努力营造企业发展良好生态

为了不断激发企业活力，孝感市打出优化营商环境政策组合拳，在完善"政企直通车""驻厂服务员"等制度的基础上，创新落实了服务民营企业的"十项制度"；出台了优化营商环境的"50 条措施"和更好地服务市场主体、推动经济稳健发展的"十六条措施"，不断提升企业满意度。同时，孝感市紧紧围绕"4+2"主导产业，深化"双千"活动，坚持每月开展产需对接活动，共收集困难 133 条，解决 87 个，其他问题正在有序推进之中。此外，孝感市还积极帮助企业修炼内功，组织了数字经济座谈会、工业互联网一体化"百城千园行"与工业"赋能挺脊"培训等多项活动，累计培训 700 余人（次），并系统地梳理了支持工业企业发展的 50 余项优惠政策，及时进行宣传普及，确保企业应享尽享。在企业资金保障方面，2023 年孝感全市融资担保金额和贷款金额增速均为全省第一，分别达到 12 亿元和 332 亿元。要素保障方面，2023 年孝感共争取能耗指标 117.6 万吨，收储污染物排放总量 1.4 万吨，供地 3.6 万亩，闲置土地处置率、"五证同发"数量均居全省第一。落实服务市场主体 39 条政策措施，出台服务民营经济 10 项制度，常态化举办政企恳谈会 8 场、政企"早餐会"20 场，政银企对接签约 1070 亿元，新增减税降费、退税缓费 23.2 亿元。

园 区 篇

第二十一章

中国先进制造业园区发展概况

在过去 40 多年的发展中，产业园区的数量随着经济发展持续增加，已相继衍生出经济技术开发区（经开区）、高新技术产业开发区（高新区）、综合保税区、出口加工区、边境经济合作区等诸多形式，成为推动我国经济发展的重要引擎。随着我国高质量发展不断推进，以经开区和高新区为代表的产业园区承担经济发展、创新发展和对外开放等重要使命，目前已发展成为我国产业结构持续优化、创新能力持续提升、开放合作不断深化的重要经济体。

第一节　发展现状

一、先进制造业园区是构建现代化产业体系的助推剂

当前，创新要素、金融要素进一步向产业园区聚集，产城融合发展持续深入，产业园区已然成为先进制造业发展的重要空间载体。国家级经开区和国家级高新区发展成果丰富，对区域经济支撑作用明显，是先进制造业发展最为集中的产业园区。截至 2023 年，我国共拥有 230 个国家级经开区和 175 个国家级高新区，其中先进制造业园区数量众多，是我国科技创新的重要策源地，是区域因地制宜培育新质生产力、加速实现新型工业化、构建具有区域特色的现代化产业体系的助推剂。

二、先进制造业园区发展愈发均衡

从国家级经开区和高新区的发展定位来看，高新区侧重于科技创新，承担培育新兴产业和布局未来产业，协助区域因地制宜培育新质生产力的使

命。而经开区作为高水平对外开放平台，是稳固外贸外资基本盘的中坚力量，呈现经济总量大、开放水平高的基本特点。赛迪《2023年先进制造业百强园区》研究报告显示，入围的经开区和高新区数量相当。分维度来看，高新区创新潜力强于开发区，而开发区在经济实力维度则更有优势。随着经开区科技创新能力持续提升，高新区经济发展总量也呈现持续上升态势，高新区和开发区之间的差距逐步缩小，高新区和开发区先进制造业发展更加均衡。

三、先进制造业园区支撑作用进一步加强

从入围《2023年先进制造业百强园区》的先进制造业园区整体情况来看：一是经济支撑作用明显。GDP总量达14.4万亿元，占全国GDP总量的11.9%，GDP达到千亿的园区共有55个，实现规上工业增加值7.95万亿元，占其GDP总量的55.1%，其中规上工业增加值突破500亿元的先进制造业园区共45个，先进制造业园区对区域的经济支撑作用进一步增强。二是对外开放程度不断加深。2023年，入围的先进制造业进出口总额高达1.2万亿美元，较上年增长8.2%，平均增长超过150亿美元。其中，进出口总额超过100亿美元的先进制造业园区共有41个。三是产业集聚能力进一步加强。截至2023年，我国共评选45个国家先进制造业集群，其中涉及35个入围的先进制造业园区，先进制造业园区加快建设先进制造业集群，有利于区域形成协同创新、人才聚集、降本增效等聚合优势，进而带动区域打造先进制造业集群，提升区域产业发展水平。

第二节　发展模型

一、"蝶变规律"深刻诠释先进制造业园区发展一般规律

"蝶变规律"是用蚕蛹破茧羽化成蝶的过程，诠释园区先进制造业发展到一定阶段，努力适应新形势，不断提升先进制造业发展水平，展现发展新形态，从而带动区域经济高质量发展的一般规律。"蝶变规律"模型深入探讨了先进制造业园区如何可持续发展，持续提升生命力的重要问题。其认为技术生产力和产业治理能力始终贯穿先进制造业园区发展全过程，而制造业园区迈入先进制造业园区是一个质变问题，核心在于产业结构优化，即通过产业关系的调整使投入要素高效产出的过程，进行产业结构优化调整应遵循产业结构合理化和产业结构高度化两个原则。

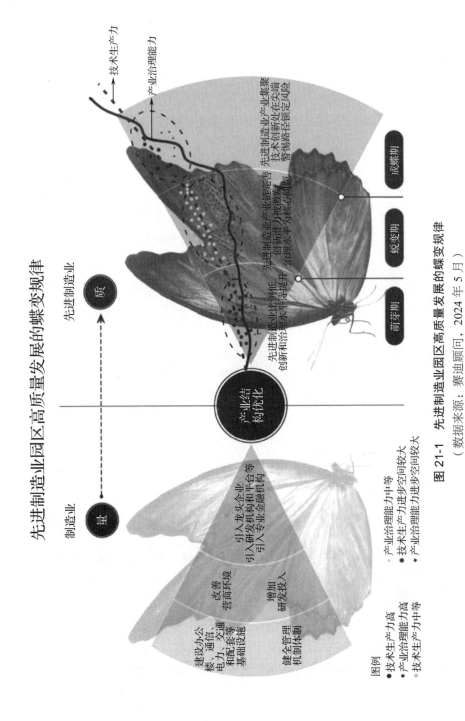

先进制造业园区高质量发展的蝶变规律

图 21-1 先进制造业园区高质量发展的蝶变规律

（数据来源：赛迪顾问，2024 年 5 月）

二、"蝶变规律"深度研究先进制造业园区提升重点

"蝶变规律"模型认为先进制造业园区发展基本处于三个阶段：萌芽期、蜕变期和成蝶期，技术生产力和产业治理能力贯穿先进制造业园区成长的全过程，处于不同发展阶段的先进制造业园区对技术生产力和产业治理能力的需求不同，聚焦点不同，表现形式也不同。萌芽期先进制造业园区技术生产力和产业治理能力均较为薄弱。应聚焦提升，注重两个借力。一是借力先进技术的引进提升创新能力；二是借力建设服务型政府提升治理能力。处于蜕变期的先进制造业园区技术生产力和产业治理能力基础已牢固，应聚焦效率，做好两个转化。一是通过科技成果转化提升创新效率，破除索洛悖论；二是通过创新治理模式转化治理效能，提高资源配置效率。进入成蝶期的先进制造业园区发展基本成熟，应聚焦创新，提供两个服务。一是提供全球创新要素集成与打造创新生态服务。二是。为产业创新服务供应商提供支持服务。

三、"蝶变规律"明确指出迈入先进制造业园区的发展路径

"蝶变规律"模型既回答了先进制造业园区如何可持续发展的问题，也回答了制造业园区如何迈入先进制造业园区，进入蝶变周期的问题。其指出，产业结构优化是关键，同时明确不同类型制造业园区迈入先进制造业园区的路径。传统园区以"数字+科技"赋能制造业，走向智能化转型之路。传统制造业园区转型升级可借助新一代信息技术，一是在生产制造各环节全流程进行智改数转；二是以数字化为工具进行资源高效整合，解决企业、土地、资本、技术、劳动力之间的联通问题；三是引入高校及科研院所进行共性技术研究，建设高水平研发平台，注重基础创新和应用创新之间的衔接。资源型园区以延链发展接续产业，走向价值链中高端攀升之路。资源型园区可借助向产业链中下游延伸实现产业结构优化，从矿产"坑口"转变为高质量发展"高地"。一是以丰饶的矿产资源为基础延伸产业链条，发展高端精细化学品和高附加值能源产品、新材料等产业。二是依托园区工业用地指标，积极引进与园区能源、企业关联度高的大型项目和龙头企业，形成多元化、高度关联的产业链。劳动密集型产业园区以转换生产制造模式，走向效能提升之路。劳动密集型产业园区可通过转换生产制造模式进行产业结构优化。一是初级形态"分散设计，集中生产"，即企业聚焦产品研发创新、设计和品牌打造等，将生产环节集中在一个或几个工厂中。二是进阶形态"网络化制

造联盟",由单一制造工厂扩展为多专业化公司协作,将各类型业务进行集成,实现各环节并行组织且协同优化。

第三节　发展建议

一、建设产业集群,做强园区规模效应和竞争优势

产业集群建设是先进制造业园区带动区域发展的重要途径。加快发展先进制造业集群,有利于形成协同创新、降本增效、集聚要素等竞争优势,实现规模效应。2022 年,我国 45 个国家级先进制造业产业集群产值合计超 20 万亿元,其中涉及 35 个先进制造业园区。为建设产业集群,园区需在两个方面同时积蓄"动量"。一是研究制定先进制造业发展规划和行动计划,依据产业链、供应链和创新链进行协作分工,推动产业合理布局,实现功能互补。二是加快推动成立园区跨部门联合协作机制,采取"1+N"跨部门协作机制,各部门可从多角度、多途径共同推动园区内产业集群高质量发展。

二、加速聚集创新资源,打造园区发展"最大增量"

创新生态是先进制造业园区发展的第一驱动力。先进制造业园区通过持续聚焦汇聚创新资源,突出发挥创新模式作用,实现了园区高质量创新发展。如何利用科技创新实现弯道超车,走出一条创新路径成为园区未来首要的关注方向。建议如下:一是打造高质量科创载体。通过央地合作双向互动模式,结合本地产业实际与发展痛点,突出"高精尖缺"导向,加大品牌扶持力度,建设多层次产业科创服务综合体,如科创园、科创中心、科创成果转化中心等;二是加强孵化人才的引育和培训。鼓励龙头企业、周边知名科研机构及风投机构等联合打造有特色的孵化载体,开放共享资源和能力,开展创业孵化人才引育和培训,吸引产业链上具有创新潜力的团队或中小企业入驻。

三、推进企业招引培育,注入园区发展新动能

培育新兴企业和招商引资是先进制造业园区发展的重中之重,是推动区域产业发展行之有效的手段。一是围绕产业链招商,发展战略性新兴产业。在招商引资方面,聚焦特色领域,引进全球知名企业与龙头企业,深入对接各地站点、与企业、商会等建立合作,展开"点对点"精准招商,挖掘具有潜力的中小企业,进一步补链强链、扩链。二是坚持"用户思维",以"亲

商服务"打造招商优势。以"亲商服务"为核心，以"精简、统一、效能"为原则，将政企关系由传统的"管理者和被管理者"转变为"服务者和服务对象"的关系；坚持"用户思维、客户体验"，全面加强创新环境建设，不断增强创新生态吸引力。

四、创新低碳技术与应用，建设示范产业园区

实现碳达峰、碳中和成为园区发展的准绳，建设低碳产业园成为各地政府推动绿色发展的重要抓手。总体来看，一是优化能源结构，推动园区绿色化发展。积极推广新能源和清洁能源使用，构建多能协同的智慧能源体系，对园区内各类能源数据进行全面分析，结合动态优化、预测预警、反馈控制等功能，实现能源信息化集中控制、设备节能精细化管理和能源系统化管理，降低设备运行成本和碳排放。二是推动转型升级，加强绿色制造体系建设。以数字化为基础，鼓励全区企业单位积极开展节能改造，大力发展新能源，促进新型节能环保技术、装备和产品研发应用，促进区域节能减碳工作。推进开展能源审计、重点能单位节能考核、推进绿色制造体系建设等系列工作，加强能源管理，推动企业源绿色化发展。

第二十二章

张江高新技术产业开发区

第一节 园区概况

一、基本情况

张江高新区成立于 1992 年 7 月，是中国政府批准设立的国家级高新技术产业开发区，发展至今，张江高新区逐步构建"一区 22 园"发展格局，面积达 534.8 平方公里，2023 年，园区规上企业营收 9.6 万亿元。张江高新区高新技术企业数量，有效发明专利数量及专精特新"小巨人"企业数量分别占上海市的 50%、60% 和 70%，是上海科技创新策源功能的核心承载区、打造世界级产业集群的主阵地，有力支撑上海市高水平科技发展和中国式现代化建设。

二、产业体系布局

张江高新区产业能级不断提升，围绕上海市"2+（3+6）+（4+5）"产业布局，结合自身资源禀赋和功能定位，重点发展集成电路、生物医药、人工智能三大先导产业。

集成电路产业链完备、创新能力强、综合技术水平先进，是上海市推进新型工业化，构建现代化产业体系的重要支撑。2023 年产业销售规模达 2900亿元，占全市 90%，占全国 20%。

生物医药产业成为张江高新区培育新质生产力的重要载体，细胞治疗、高端医疗装备等领域达到世界先进水平。2019—2023 年，累计有 20 个 1 类国产创新药获批上市；30 个创新医疗器械获批上市，全国占比约 1/5。

人工智能产业加速形成产业生态圈，张江拥有人工智能岛、人工智能公共算力服务平台等支撑产业发展的重要载体，"5G+L4"智能重卡准商业化测试运营成为 1。截至 2023 年，上海智能网联汽车累计测试里程达 2188.3 万公里。目前，张江高新区已备案上线大模型 21 款，占全国备案上线数的 1/5。

第二节　发展特点

一、强化生态支撑打造创新网络

张江高新区持续构建技术攻关、成果转化、高端产业、人才服务、创新生态等五大体系，坚持以世界领先科技园区的高标准实施创新生态打造，为上海建设国际科创中心提供动力引擎。一是强化创新平台建设。张江高新区以 3 个国家实验室以及 2 个国家实验室上海基地为引领，系统布局高水平创新基地。集聚了一批新型研发机构，加速推动张江高新区产业创新发展。二是持续构建创新生态。张江高新区加速培育高质量孵化器、完善成果转移转化体系、强化人才服务和科技金融服务要素支撑，重视知识产权保护，以全方位、多维度的现代化服务要素支撑创新生态构建。目前，张江高新区已建设全国首个科创企业知识产权海关保护中心、知识产权"四合一"（刑事、民事、行政、公益诉讼四合一）基层人民检察院、国家知识产权运营公共服务平台国际运营（上海）试点平台。

二、强化协同合作构建发展新格局

张江高新区是上海科创中心建设的重要承载区，经过多年发展形成了"一区 22 园"的发展格局，共覆盖上海 16 个行政区。张江高新区坚持开放创新，着力打造具备特色优势的科技创新集聚区，构建完善的协同创新网络，逐步成为带动长三角区域创新发展的助推剂。张江高新区强调协调发展，支持"一区 22 园"围绕上海科创中心功能布局，聚焦区域自身优势、资源禀赋，建设特色明显的科创集聚区，目前已形成杨浦创新创业示范区、漕河泾科技服务示范区、嘉定新兴产业示范区、临港智能制造承载区、松江 G60 科创走廊等特色科创集聚区。同时，张江高新区强调园区协同发展，张江药谷、嘉定汽车城、大数据园、机器人产业园、5G 创新港、东方美谷等专业化园区，形成了功能互补、产业互联、资源互通的发展格局。

三、强化人才吸引助力高质量发展

张江高新区围绕上海建设高水平人才高地的战略需要，坚持搭平台、出政策、强服务，以更大力度吸引、集聚海内外人才，目前已成为上海市乃至全国的人才聚集高地，吸引了全球顶尖人才，为企业提供了丰富的人才资源。目前，张江科学城共有约 50 万从业人员，其中研究生以上学历 8 万人，青年人才占 80%，创业类海外高层次人才占上海约 50%，同时汇聚了 2.4 万家企业，其中包括 1900 多家高新技术企业、181 家外资研发中心。依托强大的人才支撑，张江高新区以上海 8% 的土地面积，集聚高端人才，拥有外资研发机构，培育的科创板上市企业均占到了上海全市的 80%。

第三节　重点举措

一、把握发展战略，持续提升创新水平

张江高新区围绕"上海科技创新中心主战场"和"打造世界领先科技园区"的功能定位，锚定先进制造业高质量发展目标，推动先进制造业高端化、智能化、绿色化发展，着力提升产业链供应链韧性和安全水平，加快推进新型工业化，积极构建以先进制造业为骨干的现代化产业体系。一是全面推进科技创新改革突破。上海市政府办公厅发布《关于推进张江高新区改革创新发展建设世界领先科技园区的若干意见》中提出，力争用三年时间，张江高新区基本形成统筹有力、权责一致、市区联动、协调高效的管理体制机制，打造主导产业初显、专业服务突出、空间相对集中、生态充满活力的高质量园区。二是持续提升创新策源能力。目前，张江高新区已经布局了 14 个国家重大科技基础设施，建设有多个高能级创新机构。张江高新区积极贯彻上海市统一部署，围绕产业链供应链韧性和安全水平持续提升和自主可控目标，动态梳理先进制造业发展关键核心技术。支持企业构建创新联合体，开展产业链上下游协同攻关。

二、坚持融合发展，全力打造发展标杆

张江高新区坚持把数字经济和实体经济、现代服务业和先进制造业融合发展作为重要路径，围绕推进新型工业化、构建现代化产业体系，打造集成电路、生物医药、人工智能成为世界级先进制造业集群。大力推进数实融合、

两业融合、传统产业和新兴产业、绿色产业深度融合，实施产业互联网平台高质量发展行动方案，推进绿色工业园区建设，支持企业强化数字技术赋能绿色生产，实现全方位绿色低碳转型。

三、坚持人才引育，有效支撑产业发展

张江高新区依据产业发展形势、针对不同层次、不同类型人才精准制定人才招引政策。一是以数字化简化人才政策落实。张江高新区支持承担重要科研项目的科研机构及重点引进的单位，全程在线申报人才政策，并在张江移民事务中心一站式搞定。简化申请的程序和手续，提高申请便利程度和效率。良好的创新生态是张江吸引人才的关键点。作为综合性国家科学中心之一，张江高新区布局了一批重大科技基础设施，也汇集了众多顶尖高校和科研机构，吸引、培养了一大批优秀人才。张江高新区坚持"人才链、创新链、产业链"三链融合发展，以产业链、创新链扩容人才链，依托各级创新创业平台的建设，张江高新区对人才形成了天然的吸引力。

第二十三章

昆山经济技术开发区

第一节　园区概况

一、基本情况

昆山经开区于 1984 年成立，于 1992 年批准成为国家级经开区。2023年，昆山经开区规上工业产值为 6197 亿元，工业投资为 93 亿元，进出口总额达 730 亿美元，战略性新兴产业产值占比已超七成。2023 年，昆山经开区在国家级经开区综合发展水平考核评价中跃居全国第四，前进一位，已经连续二十年位居全国前五。其营商环境已经连续四年稳居全国第二名。

二、产业体系布局

昆山经开区抢抓新一轮科技革命和产业变革机遇，打造了"2+5+1"产业体系，"2"即打造新一代信息技术、高端装备制造 2 个千亿级产业集群标杆，"5"即布局航空航天、人工智能、生命健康、新能源、高端食品五条新赛道，"1"即推动现代服务业体系这个千亿级产业。昆山经开区聚焦产业链、供应链、创新链等关键领域及关键环节，加快"双招双引"步伐，为加快建设"2+5+1"产业体系，深入元宇宙等数字经济"蓝海"蓄能增势。

第二节　发展特点

一、外商投资激发先进制造业活力

1984 年，日本苏旺你株式会社在昆山经开区开办了江苏省第一家中外合资企业，轰动一时，此后，昆山经开区瞄准龙头企业，吸引外资。目前，昆山已成为全球人才、技术、资本的集聚地，截至 2023 年底，昆山经开区累计引进港澳台、日韩、欧美等 51 个国家和地区的 2850 多个投资项目。昆山经开区总投资额已超 440 亿美元，其中，注册外资已超 250 亿美元，注册内资近 2000 亿元，内资企业的数量已超 40000 家，是国际、海峡两岸产业合作的集聚区，也是中国对外贸易的重要基地。

二、创新生态激活新质生产力

昆山经开区抢抓长三角一体化发展重大战略机遇，积极推进夏驾河科创走廊建设，以技术优势打造产业核心竞争力。2023 年，昆山经开区累计拥有高价值专利 2300 余件，高新技术产品出口总额稳居全国前列。昆山经开区已入选中国园区科创联盟首批成员单位，获得中国产学研合作创新示范基地称号，拥有 5 家"独角兽"（培育）企业，6 家创新联合体（培育），引进各类院士共 23 人，各级双创人才 661 人次。1 家企业成功入选国家级企业技术中心，"自主车载毫米波雷达关键技术与产业化"项目获 2023 年度中国汽车工程学会科学技术奖二等奖。

三、绿色发展擦亮先进制造业底色

近年来，昆山经开区坚持以绿色生态发展理念为引领，以产业的"含绿量"提升整体发展的"含金量"。截至 2023 年，昆山经开区已拥有 29 家省级及以上绿色工厂，其中，有 6 家是国家级绿色工厂。2023 年，昆山经开区新增 2 家江苏省绿色发展领军企业，8 家省级节水型载体，2 家苏州市"近零碳工厂"。星巴克全球绿色环保咖啡烘焙工厂在昆山经开区落地，该工厂拥有 2.6 万平方米太阳能光伏板，可实现能源自供给，并为园区提供 20%能源。一企业投入近 4 亿元购买环保治理装备，在这个工厂里，约 95%的水可以循环回收利用，VOCs 去除效率已经超过 95%，在此措施下，这个企业一年节约的电可为昆山 12 万个家庭使用一年。

第三节　重点举措

一、全力打造先进制造业创新生态

昆山经开区围绕新材料、光电、智能装备等战略性新兴产业，依托江苏省产业技术研究院、中国科学院、清华大学、哈工大等院校资源，以"科学家团队+专业企业+社会资本+政府资本"全新模式建成超精密加工技术研究所、智能光电系统研究所、大功率器件工业技术研究院、特种焊接技术研究院等新型研发机构。同时，充分发挥企业创新主体作用，新建低温多晶硅液晶面板工程技术研究中心、OLED 智能化检测装备工程技术研究中心、锂电正极材料废水资源化工程技术研究中心等省级工程技术研究中心。

二、深化人才体制机制改革

昆山经开区紧扣"发展高质量"和"集聚新动能"两条主线，积极打造人才创新创业首选地，推动高水平人才集聚。聚焦重点产业链，以产业链需求为主招引人才，围绕人工智能、新能源、医疗器械、航空航天四个新赛道，昆山经开区打造人才科创项目，聚焦新一代信息技术和高端装备制造产业集群，昆山经开区编制"产业人才需求地图"，重点招引青年人才、海外人才。通过"揭榜挂帅"模式，引导高校及科研院所高级青年人才与企业进行深度合作，共同开展前沿应用技术攻关。

三、政策引领绿色低碳发展

自 2017 年，昆山经开区已针对喷涂、电镀、化工等重点行业颁布《关于推进转型升级创新发展若干配套政策》，引导相关企业通过技改实现节能减排，鼓励企业关停高污染生产线。近年来，昆山经开区持续围绕绿色化发展，将绿色制造作为工厂绿色发展的主要抓手，积极培育绿色工厂等绿色制造体系。同时，昆山经开区推动构建环境污染轻、资源消耗低、科技含量高的生产方式、产业结构，引进星巴克绿色环保烘焙工厂、推动企业建设环保治理设施，昆山经开区踏实落实"双碳"战略，将碳达峰碳中和目标纳入经开区整体经济规划布局建设中，创新建设"天眼一体化"监管系统，采用大数据、云计算、物联网等新一代信息技术，打造"一张表、一张网、一张图、一盘棋"的在线监管体系，全面推动昆山经开区发展绿色转型。

第二十四章

长沙经济技术开发区

第一节　园区概况

一、基本情况

长沙经开区于 1992 年成立，坐落于长沙东部制造业走廊，2000 年被评为湖南省第一家国家级经济开发区，具有区位优、基础好、体量大等特色优势的工业园区。2021—2023 年，长沙经开区的规上工业增加值平均增速高达 10.3%。目前长沙经开区拥有约 300 家规模以上工业企业，近 800 家高新技术企业，40 余家世界 500 强投资企业。

二、产业体系布局

长沙经开区以发展先进制造业为本，经过近 30 年的沉淀，成为中部地区制造业发展的标杆，其产业格局由以前的"两主一特"（工程机械、汽车及零部件、电子信息产业），成长为工程机械及先进轨道交通装备产业、汽车及零部件产业、以新一代半导体和集成电路为特色的电子信息产业、以区块链为核心的数字经济产业和生物技术及生命健康产业的"五大产业"。长沙经开区围绕制造业产业升级需求，通过加强政策供给、优化营商环境，打造小微园区建设新模式，助推园区产业转型升级、亩均效益提升。

第二节　发展特点

一、始终以创新激发先进制造业新动能

近年来，长沙经开区始终坚持走自主创新之路，不断激励先进制造业高

质量发展。2023 年，长沙经开区已累计申请超 800 件专利，较上年增长 140%，其中，发明专利超 250 件，较上年增长 120%。2023 年，长沙经开区规上工业研发投入强度高达 4.1%，位居国家级经开区前列，拥有近 800 家国家高新技术企业，超 300 个企业创新研发载体，引进了中国信通院中南研究院、上海技术交易所中南中心等高能级平台。

二、先进制造业集群建设成果显著

工程机械产业是长沙第一个突破千亿级规模的产业，长沙经开区是长沙市工程机械产业的核心集聚区，2022 年，工程机械产业集群顺利通过验收，入选世界级先进制造业集群培育池。长沙经开区先后引育四家工程机械上市企业。近年来，长沙经开区的汽车产业经历了跨越式发展，2021 年，长沙经开区新建投产锂电池车间，规划生产年产能 15 万套新能源电池，2023 年，规划建设新能源汽车生产线，新能源汽车产业正在逐步集聚。

三、持续推动产业智能化转型

长沙经开区提前谋划利用大数据、物联网、云计算、智能制造技术助推产业产品可靠性提升。长沙经开区新能源汽车生产线打造了智能生产线架构，搭建了具有数据互联、数据决策的数字化智能工厂，既可实现高效生产，也可实现互动式定制。拥有我国工程机械产业第一个全数字化工厂、亚洲领先的智能化车间，可以实现 69 种产品混装柔性生产。

第三节　重点举措

一、亩均效益改革助力产业转型升级

长沙经开区于 2022 年 3 月出台《长沙经济技术开发区关于推进"两区"亩均效益改革试点工作三年行动方案》，明确实现亩均税收 5 万元（含）以下的低效企业全部清零，亩均税收 5 万元以上至 10 万元（含）以下的低效企业提升转型率达 60% 以上；同时出台《关于加快小微园区建设提高亩均效益的实施办法》，推出产权分割转让、亩均税收奖励、园区运营补贴等"六大红利"，赋能企业发展。

二、优化营商环境助力产业快速发展

长沙经开区以《长沙县营商环境 4.0 版实施方案》为抓手，深入实施"营商环境提升"行动，持续擦亮"在星沙，都最好"营商环境品牌，落实 70 项营商环境改革措施，积极挖掘引进科技含量高、发展前景好的优质企业，为企业提供增值孵化服务；设立企业服务站，为企业提供金融、人才、知识产权、创业辅导等全方位服务，建立完善以补链强链、产业集群为关键点的产业生态，促进企业向高端化、智能化发展。

三、多路径加速培育新质生产力

为打造具有核心竞争力的科技创新高地，长沙经开区以《长沙经济技术开发区关于建设具有核心竞争力的科技创新基地的实施办法》《长沙县长沙经开区关于引导全社会加大研发经费投入三年行动方案（2023—2025 年）》为重要抓手，形成覆盖企业创新、平台建设、产业发展、人才支撑等创新全链条的政策"雨林"。同时，长沙经开区举办"科技金融赋能·共促企业发展"知识价值信用贷款风险补偿政策宣讲会暨银企对接活动等多场银企对接活动，快速推动知识价值信用贷款风险补偿工作。

第二十五章

南通经济技术开发区

第一节　园区概况

一、基本情况

南通经济技术开发区（以下简称"南通经开区"）是首批 14 个国家级经济技术开发区之一。先后获得长江经济带国家级转型升级示范开发区、国家生态工业示范园区、国家循环化改造示范试点园区、中国服务外包集聚园区、国家级绿色园区、江苏省利用外资转型发展示范区、首批中日韩（江苏）产业合作示范园、减污降碳协同创新试点产业园区等称号。2023 年南通经开区 2023 年全年地区生产总值增长 5.4%，规模工业增加值增长 9.2%，固定资产投资增长 4.8%，在国家级经开区综合发展水平考核评价中较上年跃升 18 位，排名第 21 位。

二、产业体系布局

南通经开区围绕新一代信息技术、高端装备、医药健康和新能源"3+1"主导产业构建产业体系，2023 年三大主导产业总体产值增长 12.61%，并积极布局氢能、储能、航空航天等未来产业。南通经开区发展以南通市"四主一最一中心"为定位，以做大总量、提升质量、调优结构为目标，力争建设贡献更大、活力更强、能级更高的长三角一流开发区。分产业来看，新一代信息技术产业中形成了以集成电路、新型电子元器件、新一代信息网络、云计算和大数据等为代表的产业体系，其中在集成电路封装测试、光纤通信、电子元器件等多个细分行业中具有全国领先的技术或规模。高端装备方面，以高技术船舶、海工平台、智能机器人、增材制造为主要代表。生物医药方面，主要涉及药品和医疗器械领域，现有规模以上企业 20 余家，形成了一定聚集效应。

第二节 发展特点

一、坚持创新驱动，加快转型升级

南通经开区高度重视创新能力建设，坚持创新引领发展，打造优质创新载体，构建一流创新生态，坚定信心稳经济促发展，全力以赴抓创新强动能。2023 年开发区每万人发明专利拥有量达 102 件，居全市第一；获评新一轮省级知识产权示范园区。举办 2023 中国集成电路设计与测试 IP 研讨会；新增国家级专精特新"小巨人"企业 11 家，居全市第一；开展科技招商攻坚行动，推行"4+3+N"科技招商机制，2023 年招引人才科创项目 146 个，净增高企 52 家，举办"能达杯"人才科创路演、2023 清华大学"南通周"等活动，申报国家级海外人才 109 名，13 个项目入选市"江海英才"，17 个项目入选省"双创计划"，中天精密获省人才攻关联合体立项，南通先通院项目入选省"登峰"计划。开展创新资源集聚行动，建设能达科技创新中心、炜赋大厦和东方大厦、产研院等科创载体。开展开放创新示范行动，以综保区高质量建设为依托，实现全域封关，2023 年完成进出口 176 亿元，其中跨境电商"1210"货值 10 亿元，规模居全省第一。

二、坚持项目为王，增强发展后劲

南通经开区出台了招商引资项目监督管理"1+3"系列文件，建立"一个主导产业、一名牵头领导、一幅热力图谱"的推进格局。广泛筛选全球优质项目，拥有驻日、驻德等招商团队，实行精准化招商引资。在南通经开区 2023 年开展的"招商引资突破年"活动中，全年签约总投资超 5 亿元（或 3000 万美元）以上重点项目 56 个，合计投资金额 465.41 亿元；总投资 4 亿美元的协航光伏全球总部、1.2 亿欧元的赫尔思曼中国区总部等重大外资项目成功落户；实际利用外资 5.84 亿美元，总量居全市第一。全年招引服务业项目 33 个，中外运央企分总部项目成功落户。全年新开工亿元以上产业项目 50 个，总投资 566 亿元，其中 10 亿元以上重大项目 22 个，总投资 475.2 亿元。

三、坚持精准施策，经济稳健向好

面对近年来整体经济下行压力和国际市场变化，南通经开区制定推动经济整体好转"31 条"政策，出台支持服务外包、数字文创、楼宇经济、软件信息产业发展四大专项政策，常态化推行惠企政策"免申即享"，累计兑现资金超 1.2 亿元。持续开展"营商环境提升年"活动，全面落实市优化营商环境新 66 条，实施开发区打造"营商环境最高地"创新提升行动 35 条，近20 项特色创新举措转化为企业受益成果。2023 年，地区生产总值增长 5.4%；一般公共预算收入 66 亿元，增长 11.6%；规模工业增加值增长 9.2%；全部开票销售收入 3626.8 亿元，增长 8.5%；其中工业开票销售收入 2005.2 亿元，增长 4.3%，服务业开票销售收入 1516.5 亿元，增长 14.6%；全社会研发投入占比 3.86%；固定资产投资 230.6 亿元，增长 4.8%，其中工业投资 142.6亿元，增长 51.6%；外贸进出口额 686.7 亿元。

第三节　重点举措

一、创新驱动壮大发展动能

一是聚集创新要素。南通经开区重点通过科创载体建设和科创人才培养两大抓手，汇聚创新资源。南通经开区以建设高质量科创载体为抓手，围绕能达科技创新中心、智慧之眼·数据大厦和星湖设计创意中心的创新能力提升，建设集技术创新、知识创造和特色战略产业培育于一体的能达创新街区，形成技术创新和研发能力高度聚集的区域，引导科研机构、高校、企业研发基地等各类创新资源优先布局创新核心区，打造原始创新高地。**二是聚合人才资源。**南通经开区在引进科创人才方面，以科技将帅人才培养和人才结构调整两方面举措，通过双招双引、活动选才和以才引才等方式，大力引进创新人才。聚焦开发区"3+1"主导产业，优化配置区域人才资源，引导企业进行各级人才项目申报和落地创业。推行科教、产业部门人才双向交流制度和"科技镇长团""科技副总"计划，优化"产业教授"选拔方式，鼓励应用型研究生、本科生订单化培养，鼓励企业拓本、专科生实践教学场所。实施优秀人才贡献奖励政策，对特定创新区域、特定产业领域、特殊高端人才，按照人才的实际贡献给予奖励。**三是聚焦区域合作。**国际合作方面，南通经开区以建设中日（南通）发展合作示范园为契机，高质量建设国际科技合作园区。同时常态化开展外资企业面对面活动，组织开展国际产学研活动，巩固提升与日本、美国、德国等国家合作基础，拓展与"一带一路"国家的国际科技合作，构建海外技术转移平台和产学研联合创新机制，吸引国际科技成果转化落地。地区合作方面，依照南通市关于全方位对接苏南、全方位融入上海的工作要求，强化与上海、苏州、无锡等地的科技交流合作，围绕新兴产业培育发展、创新载体建设、创新资源集聚等主题，主动承接苏南地区产业转移、成果转化；积极推进沪通创新合作，服务对接长三角区域一体化国家战略，融入长三角科技创新共同体沪通产业创新示范区建设，加大与上海高校、科技载体等对接联系，全方位融入上海创新生态圈。围绕"3+1"主导产业领域，加强与长三角区域高校、研究院所和企业团队合作，支持科研项目和创业项目在园区拓展研发和生产基地。

二、机制革新助力招商引资

一是创新体制机制。南通经开区重点打造"赛马制"招商格局，整合全区招商资源，构建了以招商局、投资促进局、服务业发展局、综保区管理局招商部以及制造业招商公司、服务业招商公司为主体的"4+2"招商格局。通过锁定各自主攻领域，实现精准化招商、科学化招商，激发招商新活力。推行月度晒绩、定期通报等机制，创新建立人员能进能出、正向考核激励等制度办法，以招商活力的激发推动重大项目加快突破。重视强化驻城、驻外招商力度，构建了内外并举、合力攻坚的招商新体系，推动招商资源向优质项目倾斜。实行招商协同机制，充分发挥南通创新区和开发区协同发展机制作用，加强两区在项目信息共享、招商队伍建设、要素资源供给、项目建设考核等方面的协同，形成招商合力。详细编制《招商手册》《产业发展报告》和《政策汇编》三本招商"宝典"，为招商工作提供有力支撑。**二是优化招商队伍。**南通经开区通过组织牵头、党建引领，深入推进招商队伍培育精准度、专业度、实用度"三度融合"，围绕主导产业、招商问题等制定课程配套体系，为招商队伍量身定制了"按需点单——专业培训——成果评价"的全链条精准培育模式，为全区项目建设和高质量发展跑出"加速度"赋能增效。组织招商队伍"砺剑班"培训，促进招商人员在学习、研究上下功夫，提高专业知识储备、谈判技巧和服务能力，开展 PPT 演讲比赛和沟通技巧交流，锻造了一批开发区招商尖兵队伍。**三是聚焦科技招引。**南通经开区在科技招商方面采用"一盘棋"工作格局，组建了一支"熟知科技前沿、掌握产

业趋势、精通项目流程、具备谈判技巧"的专业化科技招商队伍,成立了人才科创招商中心,并定期组织科技招商训练营等活动。同时建立"月度跟踪、双月点评、季度考核"的科技招商工作机制,整合资源、精准发力,对北京、上海、深圳等重点地区进行驻点招商。通过绘制南通经开区科技招商图谱,针对产业开展"产业+资本+科技"联合科技招商模式,筹划招引优质产业基金。通过开展活动招商、引导基金招商、鼓励平台招商、支持机构招商等方式,积极链接大院大所、基金公司、科技企业、中介机构等优质资源要素。建立了科创项目推进管理责任体系,重点抓好签约项目的开工建设和协调推进,支撑企业完善各项手续,解决项目推进中的堵点与难点。在项目推进方面,紧盯项目关键环节,优化相关服务流程,全力提高项目转化率和竣工率。

三、全力打造一流营商环境

打造共治共赢的市场环境。一是提升企业开办和注册效率,优化企业开办办理周期,提升"一网通办""一窗通办"等线上线下服务能力。二是提高项目工程审批效率,推行重大项目"拿地即发证、出证即开工、完工即验收"全链帮办代办服务模式。三是优化不动产登记,实现不动产登记"零跑腿、无纸化、并环节、即时办"。四是提升纳税服务,打通减税降费政策落地"最后一公里",推动税费优惠政策直达快享,促进全区市场主体充分享受政策红利。五是优化市政公用设施接入,精简市政公用设施报装申请材料,优化线上线下办理渠道,大幅降低报装时间及费用。六是提升企业融资便利度,扩大企业融资渠道,建立银企直通联系机制,鼓励金融机构创新信贷产品与服务。七是提升项目要素保障水平,加强基础设施、用地、融资、用能等要素服务保障。八是规范政府采购和招投标,推广全流程"不见面"电子化交易。

提供便捷高效的政务环境。通过不断提升网上政务服务便利度,重点推行事项清单化、材料电子化、审批智能化、流程标准化,提高南通经开区政务"一网通办"能力。不断提升政务服务大厅服务水平,推进政务服务大厅标准化建设,统一全区各级政务服务中心、便民服务中心(站)的名称和标识,实现政务服务中心综合窗口全覆盖。实行政务服务"好差评"制度,各有关部门业务系统与"好差评"系统全面对接,实现服务窗口和渠道全覆盖,现场服务"一次一评"、网上服务"一事一评"。

培育优质良好的开放环境。全面实施外商投资准入前国民待遇加负面清单管理制度，鼓励和引导外国投资者在国家《鼓励外商投资产业目录》和开发区重点发展产业领域进行投资。推动中央、省、市各类减税、减费、减息、减担、减支政策落地落实，符合条件的项目即时兑现，建设周期较长的项目可按实际投资发生额按比例兑现，减轻运营负担，激发主体活力，提振发展信心，促进经济高质量发展。积极融入"一带一路"建设，大力支持优势产业和企业"走出去"，引进多项符合地区发展政策的产业，推动开放型经济持续发展。持续开展跨境贸易便利化改革，推进通关提速降费政策，深化国际贸易"单一窗口"建设。

第二十六章

衡阳高新技术产业开发区

第一节　园区概况

一、基本情况

衡阳国家高新技术产业开发区成立于 1992 年 6 月，2012 年 8 月升级为国家高新区，2022 年整合升格为副厅级单位，对原高新技术产业开发区、衡阳综合保税区、衡山产业开发区（衡山科学城）、白沙洲工业园区实行统一管理。实际管辖面积 50.37 平方公里，辖华兴、金龙坪两个街道和蒸水、高岭两个办事处，共 10 个村、14 个社区，常住人口约 30 万。2023 年，衡阳高新区大力发展实体经济，奋力建设"五好"园区，着力向"高"而攀，向"新"而行，高质量发展取得显著成绩。2023 年，衡阳高新区完成地区生产总值 289.3 亿元，固定资产投资完成 174.0 亿元，规模工业总产值总量达 161.3 亿元。企业发展活力更足，2023 年，新增"四上"企业 73 家，新增投资金额 235 亿元；净增市场主体 4001 户，其中企业净增 3001 户。

二、产业体系布局

近年来，衡阳高新区坚持以"制造立区"为主要发展原则，以发展先进制造业为着力点，着力提升含"金"量、含"智"量、含"绿"量，围绕湖南省、衡阳市重点产业布局和"十四五"规划，聚焦衡阳市"一核两电三色四新"主导产业发展，形成了新材料、先进装备制造、电子信息"两主一特"产业发展格局。

2023 年，园区"主特"产业营业收入 945 亿元，占园区营业收入的比重为80.5%。预计2023年"主特"产业营业收入占园区营业收入的比重为80.9%。

新材料产业。依托重点企业，集API和特殊扣加工、特种钢管生产等配套企业，带动产业链上下游集聚，产业增加值占园区生产总值规模的比重为26.6%。2023年实现营业收入299.0亿元，同比增长43.8%，研发投入12.4亿元，同比增长6.9%。

先进装备制造产业。涵盖变压器、互感器、开关柜、电工绝缘材料、电工配件等专业制造产业领域，产业配套进一步完善。2023年实现营业收入224.0亿元，同比增长21.6%。

电子信息产业。以衡州大道数字经济走廊软件信息服务为支撑，不断拓展延伸上下游产业链，逐步集聚智能设备及穿戴、商用显示、电子配件、电池电源、工业互联、音视频、软件开发等产业。2023年实现营业收入422.0亿元，集聚企业206家。

第二节　发展特点

一、区位优势凸显，带动先进制造业产业承接

衡阳高新区地处国家老工业基地、中南重镇、中部交通枢纽衡阳市中心城区西部和南部。衡阳高新区作为衡阳市的政治中心、经济中心、金融中心、文化中心和科技中心，在做大做强先进制造业、构建以先进制造业为支撑的现代化产业体系、实现打造成为中部园区先进制造业发展"模范生"目标中占据重要地位。衡阳高新区在先进制造业发展中同时具备区位优势和资源优势。一方面是区位优势明显。蒸水河穿境而过，湘桂铁路等多条铁路线、衡昆高速公路等多条高速公路穿境而行。同时，衡阳高新区坐落有南华大学等3所大学，为衡阳高新区科技创新引领产业创新筑牢根基。另一方面是资源优势逐渐发挥作用。衡阳高新区作为衡阳市唯一的国家级开发区，是华南北部地区科技创新的综合示范区、国际产业技术转移升级的承载区。区位优势和资源优势叠加之下，为衡阳高新区创新水平持续提升、数字经济和先进制造业融合发展持续深入、产业链及产业配套不断完善，为衡阳高新区产业结构持续优化，打造具备国际竞争力的产业集群提供强有力的保障。

二、产业特色明显，支撑先进制造业快速发展

2022年，衡阳高新区整合升格为副厅级单位，对原高新技术产业开发区、

衡阳综合保税区、衡山产业开发区（衡山科学城）、白沙洲工业园区实行统一管理。合并后的衡阳高新区产业特色更加明显，产业结构进一步优化，为衡阳高新区发展先进制造业，打造具有竞争力的产业集群提供强力支撑。一是以先进装备制造产业为主导产业的白沙洲工业园区。产业链逐步完善、产业配套进一步完善，为衡阳高新区打造输变电产业集群提供活力。二是以电子信息产业为核心的衡山科学城产业承接能力持续提升。以衡州大道数字经济走廊软件信息服务为依托，不断拓展延伸上下游产业链，积极承接粤港澳大湾区、长三角、珠三角电子信息产业转移，目前已经形成智能视听产业集群，为衡阳高新区先进制造业发展增强动力。三是衡阳综合保税区作用逐渐凸显。衡阳综合保税区成功获批"中国（湖南）自贸区协同联动区"。2023年，衡阳综合保税区完成进出口总额 217.56 亿元，同比增长 6.7%，为衡阳高新区持续提升开放水平夯实基础。

三、集群打造亮眼，提升先进制造业发展能级

衡阳高新区依托龙头企业带动，已形成输变电装备、钢管深加工和智能视听三大产业集群。2022 年，输变电产业集群被纳入全省"4+6"产业集群建设名录。当前，集群规模达 299.0 亿元，同比增长 15.3%。集聚上下游企业 61 家，拥有国家输变电产品质量监督检验中心 1 家、国家级企业技术中心 1 家，国家技术创新示范企业 1 家。"特高压交流输电关键技术、成套设备及工程应用"等重大项目先后获得国家科学技术进步特等奖和一等奖。2023 年，钢管深加工产业集群成功进入全省先进制造业集群"培育池"。当前，集群规模达 680 亿元，主导产品国内市场占有率 10%以上，龙头企业参与制定国际、国家、行业标准规范累计 53 个，获得国家级科技奖励 7 个，拥有国家重点实验室 2 个，国家知识产权优势企业 4 家，创新水平高，发展潜力足。2023 年，智能视听产业集群进入全省先进制造业集群"培育池"。当前，集群规模达 206 亿元，汇聚上下游企业 185 家，其中规上企业 62 家、专精特新"小巨人"企业 6 家，省级专精特新企业 15 家。

第三节 重点举措

一、多点开花打造数字经济新高地

衡阳高新区坚持"制造业立区"，着力发展实体经济，并大力推进数字

经济发展，力争打造中部数字经济新高地，衡阳高新区开展多项工作助力数字经济快速起飞。**一是实施领头雁计划。**衡阳高新区大力实施衡阳市数字经济领头雁计划，支持"领头雁企业"以特许经营权等方式发展，并在数字治理、智慧城市、数字园区等多个重点领域形成试点示范效应。**二是持续优化政策环境。**出台完善促进数字产业发展的相关优惠政策，从租金补贴、税收减免、研发创新等多个维度支持企业发展壮大。**三是加大人才引育支持力度。**创新人才引进方式，开展"市、校、企"三方联合引才，完善人才服务基础配套，建设高校软件学院、工业互联网学院，为人才实习、实训等联合培养提供平台。**四是强化金融支撑。**建设高新南粤基金、上市辅导中心等平台，设立风险补偿资金，开发知识产权信用贷款新模式，构建企业上市孵化服务体系，助力企业快速发展。**五是发挥"群狼效应"。**衡阳高新区在衡州大道数字经济走廊布局湘南湘西高新软件园、高新电商产业园、颐高数字产业园、湘南湘西区块链产业园等 45 个产业园区，先后引进 30 余家数字经济引领型企业，汇聚数字经济成长型企业近 900 家。

二、"链式思维"引育企业助力打造先进制造业集群

衡阳高新区围绕先进制造业、数字经济、生命健康产业，补链强链延链，推动产业集群化、规模化、高端化发展，加快推进新型工业化，构建现代产业体系。**一是以精准招商完成"补链"。**深入实施产业发展蓝图，精确锁定产业链的关键节点与缺失环节，通过驻点招商、专业招商、平台招商、基金招商、以商引商等多种方式，精准吸引高科技、高层次、带动性强的行业领军企业以及上市公司入驻，形成"招商补链，链动招商"的良性循环。**二是精心培育助力"强链"。**针对产业链上的重大项目和关键项目，成立工作专班持续跟进服务，并以衡阳高新区班子成员为组长进行协调统筹，保障重大项目、关键项目有序建设。持续实施"原地倍增""纾困增效"专项行动、优质企业梯度培育工程，"一企一策"跟踪培育。**三是精确匹配加快"固链"。**加快建设产业发展公共服务平台，定期举办企业家沙龙等交流活动，搭建供应链供需对接平台，推动供应链企业精准对接、深度合作，充分发挥产业集聚优势，打造高质量产业集群。

三、以模式创新推动科技创新

衡阳高新区先试先行，强化园区与高校协同合作，共同开展创新人才及

团队的引进和落地工作。发挥政府资金作用，建设园区协同创新中心，推进产学研深度合作，联合开展产业链关键核心技术攻关。创新资源加速聚集。高新区先后与国内 10 余所知名高校和科研院所深入合作，引进多个拥有产业核心技术的团队落户。创新动力更加强劲。建设北航衡阳产学研中心、上海交大 5G 创新中心、雁城区块链研究院等省级新型研发机构，成功转化了光纤陀螺、氮化硅等高新技术产品，持续助力产业提升竞争力、加快培育新质生产力。

企　业　篇

第二十七章

北京京东世纪贸易有限公司

第一节　发展概况

　　北京京东世纪贸易有限公司（以下简称"京东"）成立于 1998 年，2014 年 5 月在美国纳斯达克证券交易所正式挂牌上市，2020 年 6 月在香港联交所上市交易。作为新型实体企业，京东秉承长期主义发展的理念，致力于提供以供应链为基础的技术与服务。"数智化社会供应链"是京东 20 余年高效、创新、可持续、跨越式发展的经验总结，是新型实体企业发展的重要实践。京东"数智化社会供应链"包含了商品供应链、服务供应链、物流供应链、金融供应链和数智供应链，通过数智化技术连接和优化社会生产、流通、服务的各环节，降低成本、提高效率，是京东工业、京东零售、京东物流等模式创新发展的重要基础。在新能源汽车领域，京东以数智化社会供应链为基础，深度布局汽车全产业链（除"造车"）、车主全生命周期生态，初步培育形成了面向汽车企业的"研—产—供—销—服"供应链数智化运营服务，以及面向车主用户的"买—配—养—用—换"全生命周期服务。

第二节　重点战略

一、创新服务模式

　　京东零售汽车事业部，在新能源服务领域布局已经初具规模，覆盖顶级整车品牌的入驻、新能源车养护服务、售后服务等多个方面，京东汽车已经形成了强大的资源体系和差异化竞争力。通过完善线下服务网络，加速基础设施普及化进程，京东养车部分门店已具备新能源汽车的服务能力，可为车主提供"买—配—养—用—换"的产品与服务。

二、打造一体化供应链物流服务商

京东物流是中国领先的技术驱动的供应链解决方案及物流服务商，通过科技赋能提供覆盖各业务领域的供应链解决方案和优质的物流服务。面向新能源汽车领域，京东将进一步发挥一体化供应链物流服务优势，为新能源汽车行业提供产前零部件、售后备件的库存管理、订单履约及国际物流服务，助力新能源车企及上下游企业优化库存成本、缩短交付周期，助力车企出海。

三、打造工业供应链技术与服务解决方案提供商

京东工业以服务企业持续降本增效为目标，不断强化供应链全链路基础设施能力，通过太璞数智供应链解决方案，向品牌商、供应商、服务商等产业链各环节提供服务，进而带动整个产业的数智化升级。京东工业已在中国的工业供应链技术与服务市场实现了最广泛的客户覆盖，面向新能源汽车行业，京东工业通过专业的数字化系统能力和资源丰富的工业品供应链，提高采购管理效率，提升出海服务能力，助力车企出海。

四、打造全价值链的技术型产品与解决方案服务商

面向新能源汽车行业，京东云一方面通过构建新一代企业云，提供混合云和云原生技术支持，确保企业云平台的高可用性、安全性和强并发能力，并为新能源汽车企业提供从智能 IDC 到全栈云服务的解决方案，包括基础设施即服务（IaaS）、平台即服务（PaaS）、软件即服务（SaaS），以及灵活的商业模式。另一方面，京东云积极支持新能源汽车企业构建高效的数字化研发工具体系，建立高性能、低成本的统一数据存储平台，并探索大模型的场景化应用，助力企业提升研发能力、管理效率和数据处理能力。

第三节　重点产品

一、新能源汽车消费全生命周期的"一站式"综合服务

京东汽车业务的核心在于构建整合车主库、车型库、配件库，为新能源汽车用户提供汽车体验、车型适配、车辆养护、"以旧换新"等覆盖汽车消费全生命周期的一站式综合服务。在汽车体验方面，京东汽车体验中心线下

店是一个兼具新销售、新体验、新服务的"超级场景"，可为消费者提供一站式看车、选车、购车服务。该中心完善了京东汽车线上线下全链路闭环，完成了京东汽车"全渠道、全链路、全生命周期服务"的模式创新，并且已成为可复制的行业案例。在车型适配方面，京东推出的"车管家"数智化应用可帮助用户精确选择适配自己车辆的商品，简化用户购买流程，提高用户购买效率。在车辆养护方面，京东养车作为京东汽车旗下专业汽车服务连锁品牌，秉承"正品、透明、专业、无忧"的服务理念，打造"线上线下一体化"服务网络。截至目前，京东养车在全国超过 160 个城市开出高标店，与超过 30000 家第三方门店、4000 家 4S 店达成合作，构建了完善的线下服务网络。"以旧换新"服务方面，京东将联合有关品牌共同投入 5 亿元，助力汽车以旧换新，并推出"轮胎以旧换新"计划。未来京东还将在二手车估值、新车置换，以及京东养车门店服务等方面持续升级，联合行业力量为新能源汽车车主提供简单、透明、放心的汽车以旧换新体验。

二、新能源汽车备件的"数智一体化"供应链

京东基于自身的供应链仓储配送能力、大数据计算能力、平台系统能力，在新能源汽车售后备件领域打造了汽车备件的"数智一体化"供应链模式。基于该模式提供从供应商到终端客户的端到端解决方案。通过一体化供应链模式，可以帮助客户实现总体供应链结构的优化，实现基于优化的结构性降本；通过京东的供应链服务优化和需求预测，进一步提升订单满足率、缩短订单交付周期，提升客户体验；通过去中心化的库存策略和柔性的网络结构，可以有效地提升供应链的抗风险能力。例如，京东运用自身丰富的仓配资源帮助沃尔沃汽车优化了供应链网络结构，为沃尔沃汽车提供了全国售后备件网络规划、物流系统及仓配服务，帮助沃尔沃汽车实现了库存水平下降和履约时效缩短的效果。同时，京东为沃尔沃汽车提供了供应链监控大屏服务，沃尔沃汽车可通过大屏实现全国运营状态的一站式监控，可以从库存、服务、履约等各个维度对全国、局部、具体订单的执行情况进行监控，进一步提升了供应链管理效率（见图 27-1）。

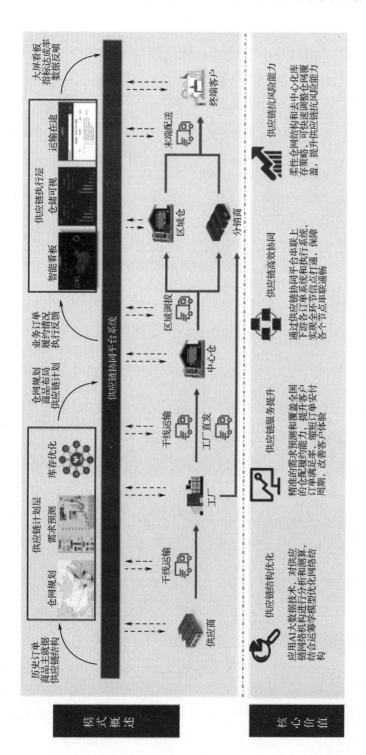

图 27-1　京东物流一体化供应链解决方案

三、车企采购数智化转型"一体化解决方案"

京东工业依托丰富的企业市场技术、资源、经验以及完善的供应链基础设施，结合合作伙伴优质的商品能力、线下渠道和运营能力，已建立业内最全的工业品数字化标准库，并针对新能源汽车制造业企业的行业特性，打造了云寻源服务、原厂服务、驻场服务、本地化服务等完备的服务体系，打破工业品采购各环节壁垒，带动整个产业链的全方位智能化发展，满足汽车制造业企业用户多场景的采购需求，使工业品采购实现真正的阳光、高效、低成本。例如，京东根据长安汽车的供应链管理特点，通过京东工采数字化采购管理平台构建全国寻源能力，创新打造新一代基础设施——智能前置仓，率先在数字化采购模式中实现敏捷响应，初步探索出精益生产与供应链韧性的平衡点。为解决东风日产"分批收货效率低""包裹信息不完整、入库难"等问题，京东工业在东风日产全国 7 家工厂周边搭建了企配中心，为东风日产提供覆盖售前选型、咨询，售中履约交付，售后维护的全方位支持。同时联合品类专家深入东风日产车间，针对车间实际需求整理覆盖上下料机械手、焊接机器人、热风系统等场景的标准采购目录，并持续完善目录中所有工业品的寻源，极大地降低了选品难度。

四、新能源汽车供应链金融业务平台

京东科技打造的供应链金融业务平台，融合供应链金融科技"四个一体化"，即内场+外场、科技+金融、上游+下游、B 端+C 端，可进一步助力新能源汽车产业链供应链金融发展。新能源汽车供应链金融业务平台是以满足新能源汽车行业上下游企业的资金需求为主要目标，通过整合各类金融资源，提供一站式金融服务的平台。平台不仅服务于新能源汽车制造商，还服务于零部件供应商、物流服务商等全产业链企业，同时提供包括但不限于融资、支付、保险、投资等多元化的金融服务（见图 27-2）。

五、末端物流运营

京东智能快递车主要应用于快递末端配送、即时配送等场景，目前已在北京、常熟、合肥等 30 余座城市落地运营。在技术积累方面，京东在智能快递车自动驾驶、主动避障、感知决策、智能化等方面已取得百余项专利。在运营范围方面，京东智能快递车的运营范围正从封闭园区向公开道路拓

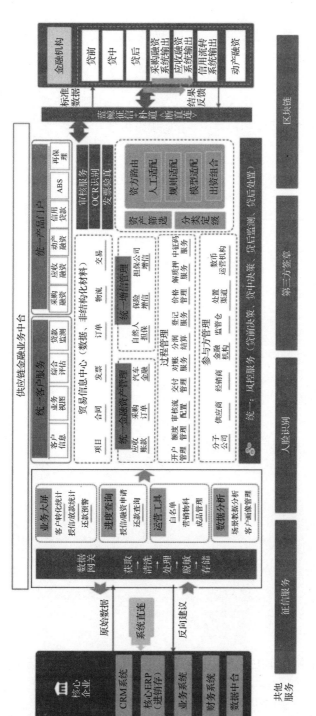

图 27-2　供应链金融业务平台

展，并在运营区域分别进行了商超、快递的无人配送服务，已形成技术方案、业务流程、管理制度、服务规范等全链条解决方案。在作业模式方面，京东推行京东智能快递车直配、接驳、揽收三种模式，推动智能快递车融入末端配送链路，达到对整个配送过程的可视可查可管，提升末端配送的整体作业效率。京东智能快递车可以处理末端揽派任务并发、提升整体作业效率。

第二十八章

华为技术有限公司

第一节　发展概况

　　华为技术有限公司（以下简称"华为"）创立于 1987 年，作为全球 ICT 基础设施和智能终端提供商，其坚持围绕客户需求持续创新，加大基础研究投入。2023 年，华为全年营业收入达到 7042 亿元，净利润 870 亿元。从收入结构来看，华为 ICT 基础设施业务收入 3620 亿元，终端业务收入 2515 亿元，云计算业务收入 553 亿元，数字能源业务收入 526 亿元，智能汽车解决方案业务收入 47 亿元。其中华为 ICT 基础设施业务收入占总收入的比重为 51.4%，占比最高；智能汽车解决方案业务作为华为新的战略焦点，增速最快，达到 128.1%。2023 年，华为公司的 ICT 基础设施业务稳健发展，智能终端业务增速高于预期，智能汽车解决方案业务的竞争力显著提升。2023 年，华为鸿蒙生态的影响力进一步增强，连接设备数量超过 8 亿台，已有 220 万开发者参与鸿蒙生态建设；前沿科技方面，华为推出全国首个全栈自主研发的 AI 大模型盘古 3.0，昇腾（Ascend）芯片、昇思（MindSpore）框架以及 ModelArts 平台，组成了华为人工智能全链条支撑；在智能终端方面，华为 2023 年推出的智能手机实现了双向卫星通信功能，成为全球首款支持卫星通话的手机；汽车业务方面，华为在智能汽车控制单元、车联网、自动驾驶、智能座舱等方面均实现了新的突破，AITO 问界汽车 2023 年全年交付量接近 10 万辆。

第二节　重点战略

一、全面智能化

在 2023 年华为全联接大会（HUAWEI CONNECT 2023）上，华为提出全面智能化战略，重点是利用人工智能技术加速各行各业智能化转型。连接是智能世界的前提和基础，数字化设备、传统的终端与装置等所有的物理世界与虚拟世界实体相互协同，组成了智联世界。大模型是华为智能化战略实施的重要抓手。华为旗下的盘古系列 AI 大模型，包括自然语言处理、计算机视觉、科学计算等大模型系统。在 2023 年华为开发者大会上，盘古大模型 3.0 正式发布，其覆盖了基础大模型、行业大模型及场景大模型全流程的大模型应用体系架构，重点面向政务、金融、制造、医药、矿山、铁路、气象等领域。

二、打造数字平台生态

华为不断践行"一切皆服务"战略，持续帮助行业客户释放数字生产力，通过云服务向更多企业提供安全、可靠、可持续的数字化服务。华为秉承着"共创、共享、共赢"的生态理念，聚合千行万业应用，为全球开发者赋能。截至 2023 年底，华为云的服务范围已经覆盖 170 个国家和地区，使用华为云的开发者数量超过 600 万，合作伙伴数量超过 4 万家。华为努力通过数字云平台，深度沉淀行业知识和创新能力，利用 AI 等技术加速产、学、研、用深度融合，协同合作伙伴共同塑造数字平台生态。

三、泛在算力基础设施

华为面对以大模型等技术为代表的行业深度变革，敏锐捕捉到算力基础设施的重要性，提出要打造坚实的算力底座，为用户提供训练自己大模型的能力，让每个行业都可以用自己的专业知识训练出行业大模型。一方面，华为持续完善新的计算架构，支持多元算力架构处理海量多样的数据，另一方面，华为不断突破算力规模的瓶颈，通过系统性创新设计思路，把计算、存储、网络、能源等整合起来，重点打造高性能 AI 算力集群。

第三节　重点产品

华为已经形成了 ICT 基础设施、云计算、数字能源、智能终端、智能驾驶解决方案等核心业务，致力于把数字世界带入每个人、每个家庭、每个组织，构建万物互联的智能世界。

一、ICT 基础设施业务：数字化、智能化、低碳化解决方案

华为 ICT 基础设施业务主要是为全球的电信运营商、政府和企业客户提供信息的分发、交互、传送、处理、存储等增量服务，建设 ICT 基础设施底座，支持千行万业实现数智化转型。网络基础设施方面，华为积极推动 5G-A 等技术演进，以树立全球万兆城市标杆为目标。2023 年，华为持续助力运营商 5G 应用变现，携手运营商共同提升 5G 应用体验，通过规模部署大容量、广覆盖 MetaAAU，为用户提供极致体验。在海外，华为与当地运营商共同合作，打造电信级高稳定可靠的 5G 核心网络。数据基础设施方面，华为打造了 OneStorage2.0 存储数据湖解决方案，该方案能够实现全方位数据管理，依托创新的 GFS（全局文件系统）保障了数据要素的可视性、可管理性、可流动性，帮助客户持续挖掘数据价值。算力基础设施方面，华为坚持"硬件开放、软件开源、使能伙伴、发展人才"的策略，不断进行关键技术突破，打造国产算力基础底座。截至 2023 年底，鲲鹏、昇腾已拥有超过 6,300 家合作伙伴、570 万名开发者，完成 17400 多个解决方案认证。

二、云计算业务：稳定可靠、安全可信、可持续发展的云服务

华为云服务包括计算、存储、网络、数据库、大数据、人工智能等多项服务。2023 年，华为云不断创新，加快发展全球业务，致力于"全球一张网"的建设。截至 2023 年年底华为的云计算业务已经覆盖全球 170 多个国家和地区，在亚太、拉美、中东、非洲等地区的业务量快速增长。在国内市场，华为云深耕行业数字化，累计服务超过 800 个政务云项目，服务六大国有银行、12 家股份制商业银行、Top5 保险机构等。2023 年，华为云发布分布式 QingTian 架构，打破算力、存储和网络边界，同时华为云正式发布新一代分布式数据库 GaussDB，极大提升了数据库的安全性、易部署性和高可用性。

三、终端业务：全场景智慧生活体验

华为终端业务涉及手机、智慧办公、运动健康、智慧出行、智能家居、影音娱乐等多个领域。华为坚持以消费者为中心，依托软硬件生态为消费者带来全场景智慧体验。2023 年，华为推出 HUAWEI Mate 60 系列、HUAWEI Mate X5 等智能手机产品，其中 HUAWEI Mate 60 系列是全球首款支持卫星通话的智能手机。平板方面，华为平板全球累计出货量超 1 亿台，HUAWEI WATCH GT 4 上市三个月全球发货量突破 250 万台。生态方面，截至 2023 年年底，接入华为 HarmonyOS 操作系统的设备数量超过 8 亿台，开发者总数突破 220 万人。鸿蒙生态技术品牌鸿蒙智联已有超过 2500 家合作伙伴，超过 7000 款生态产品。

第二十九章

山东新华制药股份有限公司

第一节　发展概况

　　山东新华制药股份有限公司（以下简称"新华制药"）作为华鲁控股集团有限公司医药板块的核心子公司，成立于 1943 年，位于淄博高新区，是新中国第一家化学合成制药企业，主营业务为化学药和原料药，是全球重要的解热镇痛药生产和出口企业，国内抗感染类、心脑血管类、中枢神经类等领域药物的龙头企业。

　　新华制药有医药制剂、化学原料药、医药中间体、医药商业物流四大支柱业务。经过多年发展，新华制药已经形成了从医药中间体、优质原料药、高端制剂至商业板块的完整产业链。新华制药化学原料药年生产量超 5 万吨，固体制剂年生产量超 280 亿片（粒）、医药中间体年生产量超 50 万吨、小容量注射剂年生产量超 10 亿支、胶囊年生产量超 15 亿粒。布洛芬、阿司匹林、左旋多巴等主要原料药规模均居全球前列，年出口额 3 亿美元，与拜耳、葛兰素史克等百余家知名跨国企业建立长期的战略合作关系。

　　新华制药是 H 股、A 股上市公司，获评全国制药工业百强企业、制剂出口十强企业、原料药出口五强企业等荣誉称号。新华牌商标被商务部列为重点培育和发展的出口品牌。新华制药被列入首批山东省绿色低碳高质量发展先行区建设试点名单，获评工业和信息化部 2023 年度智能制造示范工厂、山东省智能制造标杆企业、山东省"两化"融合优秀企业。

第二节 重点战略

一、质量为本战略：强化质量控制推进稳步发展

新华制药深入贯彻实施"产品质量关系企业生命，药品质量关系人的生命"的质量价值观。新华制药建立了从原料进厂、生产环节到产品出厂的全过程质量控制体系，在质量投入方面下功夫，是第一批获得国内"优秀质量管理奖"的企业之一。新华制药先后有 23 个产品获省部级以上优质产品奖。目前，新华制药的在产药品全部通过国家新版 GMP 认证，有 16 个产品通过美国 FDA 检查，10 个产品获得欧盟 COS 证书，制剂车间通过 MHRA 和 FDA 审计，成为全国首批实施制剂国际化战略先导企业的 15 家企业之一，同时，新华制药也是全国制剂出口十强企业。一直以来，新华制药突出强化质量、国际化、科技与责任内涵，获评全国模范劳动关系和谐企业、中国企业教育百强企业、全国绿色工厂和绿色供应链企业、山东省科技领军企业、山东省人才工作先进单位、山东省首批"厚道鲁商"五星级品牌企业、山东省外贸百强企业、山东省安全生产先进企业、山东省计量标杆企业、山东省抗击新冠疫情先进集体等荣誉称号。

二、人才为基战略：以创新人才培育推动创新发展

新华制药是国家火炬计划生物医药产业基地骨干企业，拥有国家级企业技术中心，建有院士工作站、博士后工作站、泰山产业人才岗位、泰山学者岗位、硕士联合培养点、山东省技师工作站等 6 大人才平台。新华制药持续关注校企合作，与中国医学科学院、沈阳药科大学、中国药科大学、清华大学、山东大学等合作开展创新人才培养，提高人才质量，培养了一批为产业服务的优秀人才。人才持续为创新赋能，新华制药在重点业务领域加强布局，围绕心脑血管类、消化系统类、抗肿瘤类、抗代谢类、中枢神经类、抗感染类等药物，布局 100 余个新产品，累计 16 个产品、22 个规格通过国家药品质量一致性评价，获得授权专利 260 余项。

三、转型为先战略：以智能制造升级助推高质量发展

新华制药以智能制造作为增强企业核心竞争力的"制胜法宝"，通过在技改扩能上做加法、在发展升级上做乘法，不断提升企业"含金量"。2018

年以来，新华制药持续推进"机器换人"工程，推动智能化、自动化转型升级，用技术红利替代人口红利，在提高效率、降低成本的同时，大幅提升产品质量，为企业实现产业优化升级和经济持续增长奠定坚实基础。新华制药推进固体制剂合作中心一期、自动化立体仓库、固体制剂合作中心二期、注射剂 GMP 改造等项目建设，提升生产制造和运营管理的智能化水平，累计投资超十亿元。

第三节　重点系统与技术

新华制药以智慧企业（智慧生产、智慧管理、智慧运营）为建设目标，加快构建"平台化、数字化、信息化、智能化、产业化、生态化"的企业数字化体系，不断推进车间数智化建设进程，建成高端固体制剂智能车间、自动化立体物流中心，B2C、B2B 平台等多个数智化项目。新华制药通过转型升级，进一步提高生产自动化、连续化、智能化水平，实现降本增效，同时增强产品市场竞争力，打造医药行业智能制造转型升级标杆。

一、高端固体制剂智能车间：药品全生命周期智能化管理

新华药业通过对国内外知名品牌制剂生产设备的优化配置，创新应用 MES、SCADA 系统，与原有 ERP、WMS、药品追溯等系统实现互联互通，采用智能化设备设施，对生产全流程中的操作者（人）、设备（机）、物料（料）、工艺（法）、环境（环）等进行全面数字化监控，使各级管理者能及时、准确、全面、便捷地掌握各生产环节的情况，将分散的业务管理和生产整合为统一、高效、完整的整体，通过生产、设备及质量管控过程的数智化转型，实现生产过程、质量管控、设备管理、仓储物流和药品生命周期追溯全流程的数字化和智能化管理。目前，智能车间已经通过美国 FDA、英国 MHRA 及国内 GMP 现场审计，获评山东省数字化车间、山东省首批"现代优势产业集群+人工智能"项目、山东省属企业数字化转型试点示范项目等荣誉。

二、自动化立体物流中心：管理可视化提升生产运营管理效率

新华制药按照动态药品生产管理规范（cGMP）标准建设自动化立体物流中心，总存储能力达 27 万件。通过对生产制造、成品存储及销售出库等

流程的全自动化管理，物流中心可实现对单件商品的全过程自动化跟踪管理。值得注意的是，物流中心建有自动化立体库，立体库采用双立柱型堆垛机开展出入库作业，拥有 11 层立体式存储货架，共有 13 个巷道，超过一万七千个托盘位，存储作业体量大。立体库由计算机通过 WMS 系统进行控制和管理，实现从生产端到销售端的信息全监控，结合批次管理、库存盘点、物料对应、质检管理、即时库存管理等功能的综合运用，开展入库、出库、库存调拨等操作，实现高效仓储信息化管理。自动化仓储系统以先入先出为原则，迅速准确地处理物品，同时持续检查过期商品或查找库存商品，充分利用存储空间，实现设备的联机控制，减少不良库存，提升管理水平。

三、B2C、B2B 平台建设：电商板块推动业务快速增长

自新华制药完成 B2C、B2B 平台建设，电商营业收入从 2015 年的 200 万元增长到 2020 年的 4 亿元，复合增长率达 189%，五年内产品销售额的平均增速超过 200%，电商业务进入快速发展阶段，为企业营业收入提升贡献力量。新华制药电商部依托互联网技术，持续加强互联网与产品销售的融合，打造全网销售云平台。新华制药与各大互联网平台保持紧密合作关系，在互联网医院、远程问诊、云药房、慢性病管理服务、医保在线支付等领域开展全方位合作；同时，在新零售领域，通过小程序、美团、饿了么等线上平台开展产品销售，提升产品的市场占有率。以电商业务为基础，新华制药成立山东新华健康科技有限公司，更好地加强互联网与传统销售的融合，推进电商业务收入进一步增长。

第三十章

中复神鹰碳纤维股份有限公司

第一节　发展概况

一、企业概况

中复神鹰碳纤维股份有限公司（以下简称"中复神鹰"）成立于 2006 年，作为中国建材集团控股的国内碳纤维龙头企业，自成立以来一直致力于碳纤维的研发和产业化。公司建有西宁、连云港生产基地和上海研发基地，到 2023 年底，公司总产能已达到 2.85 万吨，产能规模跃居世界前三。公司于 2022 年 4 月 6 日在上海证券交易所成功上市（股票简称：中复神鹰，股票代码：688295）。

公司产品涵盖了高强标模型、高强中模型、高强高模型等 20 个产品系列，40 余种产品规格，规格覆盖 1K～48K 各种型号，率先实现高性能干喷湿纺碳纤维产业化，成为世界上继日本东丽、美国赫氏之后，第三家掌握该技术的企业，拥有成熟的万吨级碳纤维生产制造技术。中复神鹰目前在规模化量产上已经进入 T1200、M46X 级第 4 代碳纤维产品阶段，为航空航天、高端体育等领域带来进阶的应用方案。

目前，公司形成了"大容量聚合与均质化原液制备技术""高强/中模碳纤维原丝干喷湿纺关键技术""PAN 纤维快速均质预氧化、碳化集成技术""干喷湿纺千吨级高强/百吨级中模碳纤维产业化生产体系构建技术"四大核心技术体系；已建成从"碳纤维基础研发—实验室论证—中试放大—产业化验证—应用开发研究"的全流程研发平台。

公司始终秉承"创新、融合、奋进、责任"的核心价值观与"让世界感受碳纤维力量"的企业使命,致力于打造具有全球竞争力的世界一流碳纤维企业。

二、历史沿革

2005 年,启动"九二九"工程,组建技术团队,开展碳纤维技术攻关。

2007 年,中国建材集团注资,启动万吨碳纤维生产基地建设。

2008 年,建成千吨级 T300 碳纤维生产线并稳定生产。

2012 年,自主突破干喷湿纺千吨级 T700 碳纤维产业化技术。

2015 年,突破百吨级 T800 碳纤维技术并稳定生产。

2017 年,实现千吨级 T800 碳纤维的规模化生产和稳定供应。

2019 年,年产 2 万吨高性能碳纤维及配套原丝项目落地西宁。

2021 年,"碳纤维航空应用研发及制造"项目落地上海。

2022 年,公司在科创板成功挂牌上市。

2023 年,年产 3 万吨高性能碳纤维项目落地连云港。

第二节 重点战略

一、创新体制机制,激发企业发展动能

碳纤维是新时代的材料之王,是发展新质生产力的重要材料,中复神鹰深耕碳纤维领域 18 年,攻克诸多碳纤维关键核心技术难题,打破国外技术垄断和产品封锁,深刻认识到科技创新对新材料企业发展的重要性。公司高度重视科技创新工作,不断完善科技创新顶层设计,推进企业创新发展。**一是加快构建研发平台**。中复神鹰拥有国家级博士后科研工作站、江苏省高性能碳纤维工程技术研究中心、江苏省碳纤维工程中心,已建成从"碳纤维基础研发—实验室论证—中试放大—产业化验证—应用开发研究"的全流程研发平台,获批科技部国家企业技术中心分中心。**二是积极推动成果转化**。中复神鹰以满足市场需求为最终目标,以年度任务为抓手形成科技攻关任务单,积极推动以专利为核心的创新成果转化,在成果转化过程中,从百吨级规模化生产起步,逐步推进千吨、万吨级产线建设,扎实推进企业发展。**三是加强高层次人才引进和培育**。中复神鹰积极与高校和研究机构合作,建立博士后流动站,形成"行业专家引领,博士、硕士、本科学历层次科学合理,学科领域专业全面"的人才队伍。

二、推动规模化布局，稳固企业发展底盘

目前，国内外碳纤维产业发展进入量质齐飞的新阶段，中复神鹰把握产业发展新机遇，积极推动规模化布局，加快产能建设，提升公司竞争力。**一是西北和华东两地积极布局**。中复神鹰依托连云港本部技术优势，陆续布局西宁、上海两地，并在连云港建立新生产基地，其中，西宁基地为中国首个万吨级碳纤维生产基地，依托四个生产基地，中复神鹰逐步形成规模化优势。**二是推动基地生产技术升级**。以市场应用为驱动，中复神鹰积极深入推进技术创新与产业创新融合，提升生产效率，实现碳纤维产品降本增效，其中，西宁基地单位碳纤维成本下降达20%，充分凸显基地生产能力优势。**三是提升基地数字化智能化水平**。中复神鹰融合数据采集系统、生产调度系统、三维可视化系统等，以数字孪生技术实现碳纤维生产全流程的集中、智能控制，推动形成行业领先的智能制造模式，驱动碳纤维行业高质量发展。

三、提品质增品种创品牌，打造企业竞争优势

碳纤维材料应用广泛，随着科技进步与产业结构升级，碳纤维市场需求不断变化，中复神鹰紧跟市场需求，提品质增品种创品牌，打造企业竞争优势，增强企业发展后劲。**一是紧盯重点环节提升产品品质**。中复神鹰紧盯工艺管控重点区域和薄弱环节，夯实产品质量管理基础，实现对碳纤维生产全流程的有效质量管控。并依托企业 CNAS 实验室管理体系，高标准开展产品全过程检测，保障产品检测质量的持续提升。**二是实施差异化战略，加速产品迭代**。中复神鹰针对产业链下游对碳纤维品种需求的分化，强化技术研发力量，打破传统产品解决方案，创新性推出兼具高延伸率和低成本特点的差异化产品，快速开辟新赛道。同时，通过工艺优化升级产品性能，实现产品强度与模量双提升，提高客户价值感知，增强公司对市场适应能力。**三是打造企业优质品牌**。中复神鹰曾获得国家科学技术进步奖一等奖，还多次获得省级及行业协会荣誉奖项，产品受到国内外客户的高度认可，同时积极与行业内领先企业合作，建立长期合作关系，逐步在行业内树立良好口碑和优质企业形象。

四、推动国内外协同发展，拓宽企业市场空间

近年来，受全球经济复苏缓慢、原材料价格波动较大等因素影响，新材

料企业发展面临多重挑战，中复神鹰积极调整市场竞争策略，推动国内外市场协同发展，拓宽企业市场空间。**一是优化存量市场。** 中复神鹰持续下沉传统存量市场，通过战略合作、产品多元化销售等措施加强核心客户黏性，巩固并提升氢能、光伏、风电等优势领域市场份额，通过客户分层管理及阶梯式定价，满足客户多样化需求。**二是拓展增量市场。** 中复神鹰通过研发攻克关键生产技术与产品，开发碳纤维在智能终端、新能源汽车、低空经济等新兴领域的应用，同时加速布局航空航天等高端市场，拓展产品市场潜能。**三是开发海外市场。** 中复神鹰积极参与国际展会，以"海外仓"为抓手，建立欧洲仓储中心，开拓出海新渠道。

第三节　重点产品

中复神鹰长期专注高性能碳纤维创新研究，实现了高性能干喷湿纺碳纤维产业化关键技术突破，形成了覆盖高强标模型、高强中模型、高强高模型系列的碳纤维品种，主要产品型号包括 SYT45、SYT49S、SYT55S、SYT65、SYT70、SYM40、SYM46J、SYM50J 等，产品规格覆盖 1K～48K，产品广泛应用于航空航天、风电叶片、压力容器、光伏热场等领域。同时，中复神鹰积极开发产品在低空经济、智能终端、新能源汽车等领域的拓展应用，满足了不同领域对碳纤维的使用需求。

第三十一章

南京埃斯顿自动化股份有限公司

第一节 发展概况

南京埃斯顿自动化股份有限公司（以下简称"埃斯顿"）业务覆盖了自动化核心部件及运动控制系统、工业机器人、机器人工作站、智能制造系统等全产业链环节，具体包括机器人控制器、伺服系统、多关节机器人、SCARA机器人、机器人系统集成等产品。公司产品广泛应用于新能源汽车、光伏、锂电、重工、电子及半导体制造、金属加工、机械设备、电梯、医疗用品、食品饮料等众多领域。

埃斯顿具有强大的研发和生产实力。在研发方面，埃斯顿研发投入占销售收入的比例连续多年维持在 10%左右。公司通过大力吸引国内外优秀人才，组建了一支以国际行业专家、江苏省双创领军人才、海外留学高层次人才等为主的高层次研发团队，多次承担了多项科技部重大项目、工业和信息化部研发项目、发改委产业振兴和技术改造项目、省工信转型升级项目、省科技成果转化项目等。在生产方面，2023 年埃斯顿机器人智能产业园二期项目正式投产，高水准产品可靠性试验中心投入使用，被工业和信息化部认定为国家智能制造示范工厂。

第二节 重点战略

一、实施国际化发展战略

2023 年是埃斯顿国际化战略布局元年，公司着力构建具备研发、技术、营销、全球化视野的团队，持续加大销售渠道建设及全球化服务网点的铺设。

具体而言，一是建立了研发国际化、生产本地化，形成低成本及技术领先的战略思路；二是推动营销国际化，快速建立国际化营销渠道，把产品快速推向国际市场；三是整合国内外资源，统一研发、生产、采购规划，充分发挥自身优势。目前，埃斯顿在欧洲、美洲、亚洲等全球主要区域建立了 75 个服务网点，拥有 CE、UL、高标准功能安全等符合国际标准的安全认证，在设计、制造和运营等各环节打造国际化标准体系。下一步埃斯顿将以高质量产品、完善的智能化解决方案和服务为抓手，加强塑造全球化品牌。

二、持续深耕细分市场

埃斯顿针对细分领域客户需求持续优化技术和产品。针对工程机械、钢结构、船舶等领域对焊接工艺的需求，埃斯顿持续推进与 Cloos 在研发、供应链方面的资源整合，利用 Cloos 机器人在机械设计、控制算法、安全功能、离线编程、仿真软件、传感器技术及新型材料上的优势，开发适合中国市场的具有突出竞争力的新一代焊接机器人平台。针对锂电、电子半导体等领域的需求，埃斯顿持续优化 Trio 机器人运动控制一体化智能单元，改进以机器人、机器视觉和运动控制一体化为核心的新型机器自动化方案，向客户提供以机器人为核心的自动化柔性智能制造新方案。下一步，埃斯顿将继续坚持"通用+细分"的市场战略，不断扩大下游行业覆盖率。针对不同细分市场，埃斯顿通过推出差异化产品，不断拓展应用场景，并巩固其在新能源、金属加工、焊接等细分行业的领先地位。

三、聚焦行业大客户战略

埃斯顿非常重视维系头部大客户，成立了专门的团队，开拓国内对自动化控制和工业机器人具有巨大需求的行业头部客户，充分调动公司的国内外优势资源，针对客户在不同场景中的自动化需求打造定制化方案、赢取大额订单。同时，大客户订单也可以帮助埃斯顿强化自身品牌，为后续产品顺利进入其他中小客户视野奠定了坚实基础。下一步，埃斯顿还将构建区域营销体系，通过构建战区布局，深挖地处不同区域的行业大客户，强化对大客户的保障服务能力，助力行业大客户战略顺利推进，并为进一步渗透到相关地区和行业的中小客户建立基础。

第三节　重点产品

一、自动化核心部件及运动控制系统

埃斯顿可以提供高性能运动控制解决方案，在信息层、控制层、驱动层和执行层都有相应的产品布局，具体包括运动控制器、伺服电机、伺服驱动器、智能控制单元等，主要应用于金属成形数控机床、机器人、光伏设备、锂电池设备、3C 电子、包装机械、印刷机械、纺织机械、木工机械、医药机械及半导体制造设备等智能装备的自动化控制领域。

二、工业机器人及智能制造系统

埃斯顿已开发出 76 款工业机器人产品，负载范围 3～700kg，包含六轴通用机器人、码垛机器人、SCARA 机器人及行业专用定制机器人等，可进行折弯、弧焊、点焊、冲压、压铸、打磨、涂胶、装配、柔性分拣等工艺操作，广泛应用于汽车、光伏、锂电、焊接、金属加工、建材家居等行业。同时，埃斯顿也基于工业机器人本体，整合 Trio 运动控制器、交流伺服系统、机器视觉系统等组件，构建出工作站和生产线系统集成的产品；高速高精度动力电池模组装配生产线、动力电池 PACK 生产线在动力电池行业影响力突出；钣金折弯、冲压、光伏排版、弧焊等工作站也处于行业领先地位。

政　策　篇

第三十二章

2023 年中国先进制造业政策环境分析

第一节　国家层面政策概况

2023 年，中国进一步加大对制造业转型升级和高质量发展的支持力度，出台了多项政策措施，旨在提升制造业的核心竞争力和可持续发展能力。工业和信息化部正加快构建省级—国家级—世界级集群梯次培育发展体系，完善产业、创新、金融、区域和公共服务等集群政策支持体系，还将会同有关方面进一步研究支持集群培育发展的针对性政策举措。

表 32-1　2021—2023 年中国先进制造业主要政策（国家层面）

序　号	时　间	政　策　名　称	发　布　机　构
1	2021 年 3 月	《关于加快推动制造服务业高质量发展的意见》	国家发展改革委等 13 部门
2	2021 年 4 月	《关于明确先进制造业增值税期末留抵退税政策的公告》	财政部、税务总局
3	2021 年 4 月	《关于 2021 年进一步推动小微企业金融服务高质量发展的通知》	银保监会
4	2021 年 7 月	《中共中央 国务院关于新时代推动中部地区高质量发展的意见》	国务院
5	2021 年 5 月	《关于加强自由贸易试验区生态环境保护推动高质量发展的指导意见》	生态环境部
6	2021 年 6 月	《关于加快培育发展制造业优质企业的指导意见》	工业和信息化部等 6 部门
7	2021 年 9 月	《关于加强产融合作推动工业绿色发展的指导意见》	工业和信息化部等 4 部门

续表

序 号	时 间	政 策 名 称	发 布 机 构
8	2021 年 12 月	《"十四五"智能制造发展规划》	工业和信息化部等 8 部门
9	2021 年 12 月	《"十四五"医疗装备产业发展规划》	工业和信息化部等 10 部门
10	2022 年 2 月	《关于印发促进工业经济平稳增长的若干政策的通知》	国家发展改革委等 12 部门
11	2022 年 3 月	《2022 年政府工作报告》	国务院
12	2022 年 8 月	《关于印发工业领域碳达峰实施方案的通知》	工业和信息化部等 3 部门
13	2022 年 10 月	《关于以制造业为重点促进外资扩增量稳存量提质量的若干政策措施》	国家发展改革委等 6 部门
14	2022 年 10 月	《关于加强和改善工业和信息化人才队伍建设的实施意见》	工业和信息化部
15	2022 年 11 月	《关于巩固回升向好趋势加力振作工业经济的通知》	工业和信息化部等 3 部门
16	2022 年 12 月	《"十四五"扩大内需战略实施方案》	国家发展改革委
17	2022 年 12 月	《扩大内需战略规划纲要（2022—2035 年）》	中共中央、国务院
18	2023 年 2 月	《质量强国建设纲要》	中共中央、国务院
19	2023 年 8 月	《机械行业稳增长工作方案（2023—2024 年）》	工业和信息化部等 7 部门

数据来源：赛迪顾问整理，2024 年 2 月

第二节　重点区域政策概况

2023 年，国内多个地方政府出台了一系列政策措施积极发展先进制造业，北京市积极促进先进制造业与现代服务业深度融合，山东省将先进制造业强省建设作为具有举旗定向意义的发展指引方向，并将其视为迈向高质量发展的"基本盘"，出台了系列政策扎实推进先进制造业强省行动；浙江省继续深化打造先进制造业集群相关行动，加大项目招引培育力度，引进先进技术和管理经验，进一步提升区域经济的竞争力和影响力。

表 32-2　2021—2023 年部分省（区、市）先进制造业相关政策

序　号	时　间	政　策　名　称	发布地区
1	2021 年 7 月	《上海市先进制造业发展"十四五"规划》	上海市
2	2021 年 7 月	《福建省"十四五"制造业高质量发展专项规划》	福建省
3	2021 年 8 月	《北京市"十四五"时期高精尖产业发展规划》	北京市
4	2021 年 8 月	《江苏省"十四五"制造业高质量发展规划（2021—2025 年）》	江苏省
5	2021 年 9 月	《山东省"十四五"制造强省建设规划》	山东省
6	2021 年 11 月	《湖北省制造业高质量发展"十四五"规划》	湖北省
7	2021 年 11 月	《四川省"十四五"制造业高质量发展规划》	四川省
8	2022 年 1 月	《河北省制造业高质量发展"十四五"规划》	河北省
9	2022 年 2 月	《宁夏回族自治区推动高质量发展标准体系建设方案（2021—2025 年）》	宁夏回族自治区
10	2022 年 4 月	《云南省"十四五"制造业高质量发展规划》	云南省
11	2023 年 1 月	《江西省未来产业发展中长期规划（2023—2035 年）》	江西省
12	2023 年 1 月	《浙江省"415X"先进制造业集群建设行动方案（2023—2027 年）》	浙江省
13	2023 年 2 月	《关于北京市推动先进制造业和现代服务业深度融合发展的实施意见》	北京市
14	2023 年 2 月	《聚焦高质量发展推动经济运行整体好转的若干政策措施》	四川省
15	2023 年 3 月	《关于印发河南省 2023 年国民经济和社会发展计划的通知》	河南省
16	2023 年 5 月	《上海市推动制造业高质量发展三年行动计划（2023—2025 年）》	上海市
17	2023 年 7 月	《实施先进制造业"2023 突破提升年"工作方案》	山东省
18	2023 年 11 月	《关于加快发展先进制造业集群的实施意见》	山东省

数据来源：赛迪顾问整理，2024 年 2 月

第三十三章

中国先进制造业重点政策解析

第一节　工业和信息化部等四部门印发《关于加强产融合作推动工业绿色发展的指导意见》

一、政策背景

近年来，党中央、国务院就绿色低碳发展作出一系列重大决策部署，包括建立健全绿色低碳循环发展经济体系、促进经济社会发展全面绿色转型、启动实施工业领域碳达峰行动等"碳达峰十大行动"等。工业是创新驱动、产业变革和经济高质量发展的主战场，也是我国资源能源消耗、污染物和二氧化碳排放的主要领域之一，对全国整体能否实现碳达峰具有重要影响，需要加快绿色低碳转型和高质量发展，力争早日实现碳达峰。

二、主要内容

2021 年 9 月，工业和信息化部等四部门印发《关于加强产融合作推动工业绿色发展的指导意见》（以下简称《指导意见》），系统谋划了重点发展方向，并布置了一系列措施推动产融合作。在重点发展方面，立足当前我国工业绿色发展实际和碳达峰碳中和目标要求，围绕技术研发创新与应用、产业绿色化转型升级、构建完善绿色供应链、促进绿色低碳消费、推进绿色低碳国际合作五个方面，提出工业绿色发展的八个重点方向，推动工业全要素、全产业链、全价值链绿色转型。在金融政策举措方面，《指导意见》在依法合规、风险可控的前提下，提出了加大优惠信贷支持力度、提高直接融资便利度、创新绿色金融产品和服务、开发综合金融解决方案、提高绿色保险服务水平、加快发展绿色投资基金、发挥金融科技支撑作用、支持绿色金融改革创新试点等一系列有突破、可操作的有效举措。

三、影响分析

《指导意见》是贯彻落实党中央、国务院关于碳达峰碳中和重大决策部署的具体内容，建立商业可持续的产融合作推动工业绿色发展路径，一是丰富工业绿色发展内涵，二是系统谋划重点发展方向，三是推动金融加大全面支持，有利于引导金融资源通过绿色化的渠道向工业高质量发展汇聚，推动工业稳增长和有效投资，加快产业基础高级化、产业链现代化，助力制造强国和网络强国建设，对促进我国实现碳达峰、碳中和目标，以及经济全面绿色转型和可持续发展具有重要意义。

第二节　国家发展改革委等六部门印发《关于以制造业为重点促进外资扩增量稳存量提质量的若干政策措施》

一、政策背景

近年来我国深入推进高水平对外开放，加快构建开放型经济新体制，利用外资保持增长，为经济健康发展发挥了积极作用。2022 年中央经济工作会议提出要"更大力度吸引和利用外资"。为贯彻落实党中央、国务院关于利用外资的决策部署，稳定外商投资规模，进一步加大制造业引资力度，提高利用外资质量，需要出台相关政策措施着力解决外商投资过程中面临的突出问题，全面加强外商投资促进和服务，以推动利用外资助力高质量发展。

二、主要内容

2022 年 10 月，国家发展改革委等六部门印发《关于以制造业为重点促进外资扩增量稳存量提质量的若干政策措施》（以下简称《政策措施》），从三个方面部署了利用外资工作的方向和重点任务，一是优化投资环境、扩大外商投资增量。包括深入实施外资准入负面清单、高标准落实外资准入后国民待遇、推动外资项目签约落地、强化土地要素保障、开展国际产业投资合作系列活动、提升国际投资公共服务平台效能等内容。二是强化投资服务、

稳定外商投资存量。具体包括便利国际商务人员往来、加强货运物流保通保畅、强化外商投资企业金融支持、鼓励外商投资企业利润再投资、支持制造业外商投资企业进出口等内容。三是引导投资方向、提升外商投资质量，具体包括优化外商投资结构、支持外商投资创新发展、加快外商投资绿色低碳升级、引导制造业外商投资企业国内梯度转移等内容。

三、影响分析

《政策措施》的出台有助于稳定外资投资存量、扩大外资投资增量、提高利用外资质量，有助于稳定经济增长、创造就业机会、提升我国整体经济竞争力，可以促进我国制造业更深融入全球产业链供应链，推动产业升级和技术创新，助力我国制造业高质量发展。《政策措施》将有助于进一步扩大国内就业，增强经济发展的内生动力。

第三节　工业和信息化部等七部门印发《机械行业稳增长工作方案（2023—2024 年）》

一、政策背景

近年来，全球经济复苏乏力，国内经济恢复发展存在不少难题，外需下滑和内需不足叠加，在此环境下一些企业经营困难，重点领域风险隐患较多，机械行业发展面临新的形势，行业稳增长压力较大。中央经济工作会议提出要"突出做好稳增长、稳就业、稳物价工作"。中央政治局会议强调，要坚持稳中求进工作总基调，着力扩大内需、提振信心、防范风险，不断推动经济运行持续好转。机械行业是为国民经济、国防军工和民生事业发展提供技术装备的基础性和战略性产业，是支撑国家制造能力和综合国力的重要基石，是稳住工业经济大盘的"压舱石"，出台相关政策措施、稳定机械行业的发展对于整体经济的平稳运行具有重要意义。2023 年 8 月，工业和信息化部等七部门联合发布《机械行业稳增长工作方案（2023—2024 年）》（以下简称《工作方案》）。

二、主要内容

一是提出了主要目标，包括 2023—2024 年机械行业运行保持平稳向好态势，重点产业链供应链韧性和安全水平持续提升，产业发展质量效益不断增强。力争营业收入平均增速达到 3%，到 2024 年达到 8.1 万亿元，培育一批具有竞争力的中小企业特色集群和 10 个左右千亿级具有国际竞争力的产业集群等。二是布置了一系列工作举措，包含持续扩大有效需求、推动制造业智能化转型、全面提升供给能力和坚持分业精准施策共 4 方面 16 个重点任务。三是明确了保障措施，包括加大政策支持、加强标准供给、强化监测调度和加强组织实施。

三、影响分析

《工作方案》为机械行业的稳定增长提供了有力的政策支持，这些举措有望促进产业链供应链韧性和安全水平持续提升，推动机械行业的质量效益不断增强，拉动整个行业的持续健康发展，进而支撑工业经济增长达到预期目标，这也将为加快推进新型工业化，建设制造强国，全面建设社会主义现代化国家打好坚实基础。

展望篇

第三十四章

中国先进制造业发展形势展望

第一节 产业规模展望

在推进新型工业化发展背景下，中国制造业将凸显出高端化、智能化、绿色化、全球化和服务化的特征，制造业发展将从数量扩张转向质量提升，更加注重产品的附加值和技术含量，创新驱动、高质量发展将成为制造业发展的方向。高端装备、智能制造、新材料等高新技术产业比重将持续增加，传统产业将通过技术改造和创新实现转型升级。从规模与增速来看，中国制造业规模预计仍将保持增长，增速较之前会有所放缓。

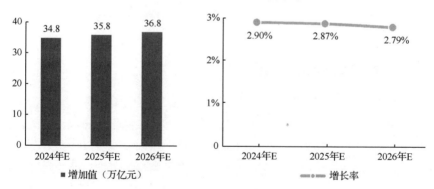

图 34-1　2024—2026 年中国制造业增加值与增长率预测

（数据来源：赛迪顾问，2024 年 5 月）

第二节　发展环境展望

一、全球制造业恢复增长

目前，虽然存在贸易摩擦、地缘政治冲突、局部战争不断，但全球制造业正在逐步脱离困境，呈现积极转变，逐步稳健复苏。2024 年 4 月，全球制造业 PMI 为 49.9%，已接近临界点（50%），较 2024 年一季度上升了 3 个百分点。2024 年 4 月亚洲制造业 PMI 为 51.5%，已经连续两个月超过 51%；欧美制造业 PMI 仍在 50% 以下徘徊，其中，美洲 PMI 为 49.7%，欧洲 PMI 为 47.7%。

二、先进制造业集群持续蓬勃发展

目前，中国依托国家先进制造业集群，积极推动相关产业迈向中高端，提升产业链供应链的韧性和安全水平，这是实现制造强国目标的关键举措。近年来的实践证明，国家先进制造业集群有效稳定了工业经济增长，显著增强了制造业的核心竞争力。同时，各省市的集群根据自身的比较优势，专注专业化、差异化和特色化的发展路径，进行了多样化的布局。同时，中国的集群培育体系完善且层次分明，世界级—国家级—省级梯队基本建立，大力支持、引导各地方政府因地制宜发展特色产业，各展所长，走出一条具有地方特色的制造业发展之路。

三、新兴技术层出不穷

科学技术是第一生产力，如今，人工智能、量子计算、脑机接口、大数据、物联网、分子技术、纳米技术、基因技术等新技术不断涌现，不仅促进了制造业的转型升级，还推动制造业向更高效、更智能、更绿色的方向发展。未来，随着新兴技术的发展和应用，先进制造业将迎来更加广阔的发展空间和更加美好的发展前景。

第三节　发展趋势展望

一、高端化趋势更加明显，传统制造业转型升级步伐加快

纵观全球，拥有强大国际话语权和经济影响力的国家，通常在全球制造

业核心关键领域处于领先地位。国家统计局数据显示，2023 年，装备制造业增加值对全部规上工业增长贡献率近五成，飞机制造、航天器及运载火箭制造、半导体器件专用设备制造等高端领域行业增加值均实现高速增长。预计 2024 年，随着技术的不断进步和市场需求的不断升级，先进制造业高端化发展的趋势将更加明显。在这一趋势下，传统制造业也将迎来转型升级的重要机遇，通过引入先进技术、提升产品质量和服务水平，打造技术水平高、竞争力强的先进制造业，从而在全球制造业竞争中占据更有利的地位。

二、智能化转型持续推进，人工智能技术应用更加广泛

目前，各级政府陆续出台了制造业智能化转型相关支持政策，江苏、浙江等地在"智改数转"方面也提供了经验借鉴，预计 2024 年，全国制造业智能化进程将持续推进，各地智能制造示范工厂、工业互联网平台建设进程加快。同时，制造业智能化转型也为人工智能技术提供了广阔的空间。人工智能技术在数据采集和分析、图像识别、智能分拣、设备健康管理等方面都可以发挥重要作用，助力有关企业降低生产成本和能耗，提高产品质量。随着人工智能技术的不断发展和完善，以及制造业对智能化需求的日益迫切，人工智能在制造业中的应用将更加广泛和深入。

三、绿色化制造成为共识，数字经济支撑与赋能范围更加广泛

"双碳"目标下，环保和可持续发展已经成为共识，先进制造业作为制造业的发展方向，在数字化、智能化发展基础上，绿色化显得更加关键。未来，中国将继续加大对绿色制造技术的研发和应用力度，推动制造业的绿色转型，绿色制造技术如循环制造、低碳制造等将受到更多关注。同时，国家和地方层面还将重点推动发展绿色制造园区，通过优化产业结构、引入清洁能源、推广绿色生产技术等措施，打造更加低碳、高效、节能、环保的制造业集聚区，不仅有助于提升制造业的整体绿色化水平，还能吸引和培育一批具有国际竞争力的绿色制造企业，推动制造业向高质量、可持续的方向发展。

第三十五章

中国先进制造业重点行业展望

第一节　智能制造装备

一、产业规模与结构预测

（一）2026 年产业规模有望突破 5 万亿元

受国家发展改革委、工业和信息化部等部门发布的一系列重大政策的支持，智能制造装备产业有望在未来三年迎来加速提升期。设备更新和消费品以旧换新，为智能制造装备产业提供了巨大的市场需求，将直接带动智能制造装备产业的增长。预计到 2026 年，中国智能制造装备产业规模有望突破 5 万亿元（见图 35-1）。

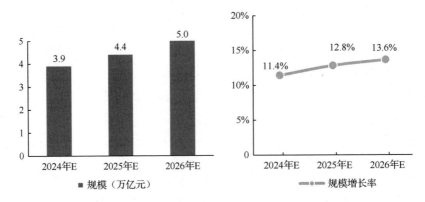

图 35-1　2024—2026 年中国智能制造装备产业规模与其增长率预测

（数据来源：赛迪顾问，2024 年 2 月）

（二）机器人和数控机床在产业结构中的占比将持续提高

预计 2024—2026 年，重大成套设备依旧占据产业结构最大份额，且占比逐年小幅下降，2026 年产业规模达到 25930.4 亿元，占比 51.8%。以机器人、数控机床为代表的通用智能制造装备产业规模增长幅度将进一步扩大，在智能制造装备产业结构中占比进一步扩大，2026 年产业规模分别达到 2540.7 亿元和 6511.8 亿元，占比 5% 和 13%（见图 35-2）。随着智能制造装备在不同行业的渗透率的提升，一些细分市场的需求将被激发出来。随着全国制造业转型升级的深入，通用智能制造装备将获得更多的发展机会、更快满足不同行业的需求。

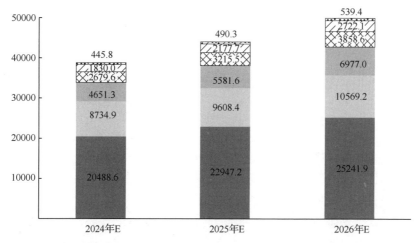

图 35-2　2024—2026 年中国智能制造装备产业结构预测

（数据来源：赛迪顾问，2024 年 2 月）

二、主要趋势

（一）装备与人工智能技术融合将成为新方向

近几年随着人工智能技术的发展，以 Claude 和 ChatGPT 为代表的 AI 大模型快速融入人类日常生产生活当中去，从问答对话到辅助编程，从图画解析到自主创作，AI 所展现出来的能力，超出了人类的预料。面向制造业的 AI 模型获得了大量资本的青睐，各大企业纷纷投入到 AI 的研发中，人工智能等新兴技术正逐渐渗透到企业生产经营的各个方面。在未来发展中，智能制造装备将充分整合人工智能技术到各个功能模块，以适应企业复杂的生产和管理需求，人工智能辅助决策，将提高生产效率，提升产品质量，保证生产活动的可靠性。

（二）智能制造装备将迈向协同化发展新境界

随着技术的不断进步和市场的不断拓展，智能制造装备将实现更高程度的集成化和协同化。各个功能模块将实现无缝对接，形成一个高度一体化的生产系统，不同企业、不同行业之间的智能制造装备也将实现互联互通。虽然在头部企业的带动下部分产业上下游实现了一定的数据共享能力，但相对较为基础。未来发展趋势将是生产线、工厂、供应链等各个环节的无缝连接，实现信息的实时共享和协同决策。协同化、一体化的发展模式将打破传统制造业的壁垒和限制，实现企业、行业间资源共享、优势互补、协同发展，推动智能制造装备产业发展迈向新境界。

（三）绿色环保和可持续发展将成为必然选择

随着全球环保意识的提升和可持续发展理念的深入人心，智能制造装备产业的绿色化、可持续发展已成为行业发展的必然选择。绿色化不单是保护公共环境，降低能源消耗和生产成本更是制造业企业未来的核心竞争力。智能制造装备将更加注重绿色环保和可持续发展。装备的设计、制造、使用、回收等全生命周期都将贯穿绿色理念，采用低能耗、低排放、易回收的技术和材料，减少对环境的影响。同时，智能制造装备产业也将积极推动循环经济、绿色供应链等模式的发展，实现资源的高效利用和产业的可持续发展。

第二节　新能源汽车

在全球能源短缺和气候变暖的严峻形势下，全球汽车产业电动化步伐持续加速，新能源汽车发展已成大势所趋，中国新能源汽车销量已连续九年位居全球第一，持续领跑全球新能源汽车行业发展。未来，随着汽车产业电动化、智能化、网联化转型持续加深，新能源汽车消费和使用环境日益完善，新能源车企出海步伐将持续加快，中国新能源汽车产业规模有望持续增长。

一、产业规模与结构预测

（一）新能源汽车产业规模将持续增长，但增速将继续放缓

目前，中国已成为全球新能源汽车产业发展的核心推动力量，未来，中国新能源汽车产业规模有望持续增长。但是，考虑到外部环境、供需错配等方面的实际影响，新能源汽车产业增速将持续放缓，预计到 2026 年，中国新能源汽车产量有望达到 1690.7 万辆（见图 35-3）。

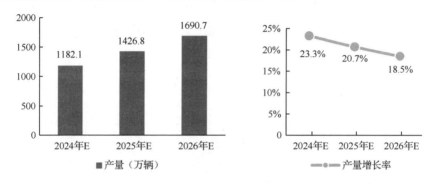

图 35-3　2024—2026 年中国新能源汽车产量与其增长率预测
（数据来源：赛迪顾问，2024 年 2 月）

（二）2026 年纯电动汽车产量有望突破 1000 万辆，规模占比逐步提升

目前，纯电动汽车已逐步担起中国新能源汽车产业发展重任，但是受政策退坡、充电基础设施建设、关键技术难点尚待攻破等因素影响，2023 年，纯电动汽车增速出现放缓。未来，随着关键技术难点的攻克和充换电基础设施的完善，纯电动汽车仍具备较大增长空间。虽然纯电动汽车增速放缓，但插电式混合动力汽车作为传统燃油车与纯电动汽车之间的过渡产品，凭借其兼具燃油车的便利性、低于燃油车的成本优势，以及纯电动汽车的驾驶体验，逐步成为消费者的重要选择。2023 年，插电式混合动力汽车产销量增速高于纯电动汽车。燃料电池汽车仍尚处于发展起步阶段，规模化发展仍需要一定时间（见图 35-4）。

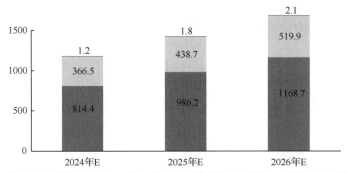

图 35-4　2024—2026 年中国新能源汽车产业结构预测

（数据来源：赛迪顾问，2024 年 2 月）

（三）华东、中南地区新能源汽车产业规模占比将持续保持领先

随着汽车电动化、智能化、网联化的加速推进，中国新能源汽车产业进入融合发展的加速期，5G、云计算等新一代信息技术与汽车产业发展愈发紧密，作为汽车及新一代信息技术发展的传统优势区域，华东、中南地区新能源汽车产业规模有望持续领跑全国。预计到 2026 年，华东地区、中南地区新能源汽车产业规模占比将分别达到 38.8%和 44.7%（见图 35-5）。

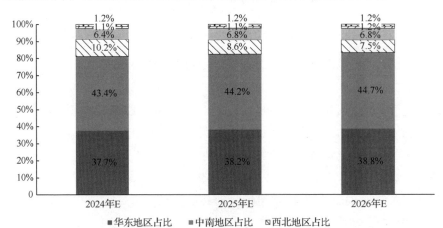

图 35-5　2022—2025 年中国新能源汽车产业结构区域预测

（数据来源：赛迪顾问，2024 年 2 月）

二、主要趋势

（一）降本增效成为新能源汽车产业发展的主旋律

新能源汽车全链条低碳化发展已成为全球共识，随着国内外市场对新能源汽车低碳化、零碳化要求的不断提升，部分国内新能源汽车领域整车企业已开始从研发设计、生产制造、原材料及零部件供应，以及产品回收再生等全生命周期出发，制定碳减排目标，力求带动全产业链低碳化转型。未来，在整车企业带动下，新能源汽车全链条低碳转型进程或将提速。

（二）以人工智能大模型为基础的端到端自动驾驶有望加速推动新能源汽车智能化发展

端到端自动驾驶是指汽车将传感器采集到的信息直接输入统一的深度学习神经网络，神经网络经过处理后直接生成自动驾驶汽车的驾驶命令。此前，端到端自动驾驶算法主要依靠人工进行学习，2023 年生成式人工智能语言模型 ChatGPT 的出现，为端到端自动驾驶的探索与创新带来全新可能，AI 大模型上车已成为推动现阶段全球汽车智能化发展的重要举措之一。在此背景下，中国科技企业与新能源汽车企业在 AI 大模型与汽车智能化方面持续发力，目前多集中于语音交互领域。在端到端自动驾驶领域方面，AI 大模型的应用仍处于起步阶段，因此，毫末智行、商汤科技、科大讯飞、理想等中国科技企业和新能源汽车企业持续加码以 AI 大模型为基础的端到端自动驾驶技术，陆续发布 AI 大模型与自动驾驶相结合的解决方案，未来或将加速推动新能源汽车智能化发展。

（三）新能源商用车将进入快速增长阶段

近年来，受商用车市场需求和机动车污染物排放标准升级等多重因素影响，新能源商用车已成为商用车转型升级的重要方向之一。目前，新能源商用车在多种应用场景中推广成效显著。例如，在港口、矿山等短途场景中，新能源重型卡车已实现了规模化应用；在城市配送和封闭配送场景中，新能源物流车表现亮眼。但相较于新能源乘用车 34.5% 的渗透率而言，中国新能源商用车目前渗透率仅为 17% 左右，仍有较大增长空间。展望 2024 年，随着新能源商用车技术短板的突破和场景适配性的加速提升，新能源商用车产业规模增长有望再次提速。

第三节　动力电池

一、产业规模与结构预测

（一）2024—2026 年中国动力电池市场规模将稳步提升

2024—2026 年，受中国新能源汽车产销持续上涨势头的带动，中国动力电池市场规模将保持稳步增长。总体来看，中国动力电池市场已进入成熟期，未来发展趋势持续向好，预计未来三年将保持 30.0%左右的增长率，到 2026 年装机量将达到 846.1GW·h（见图 35-6）。

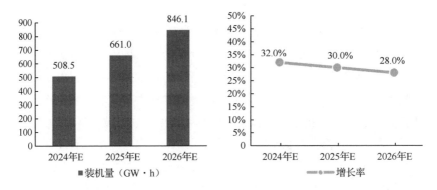

图 35-6　2024—2026 年中国动力电池装机量与增长率预测

（数据来源：赛迪顾问，2024 年 4 月）

（二）磷酸铁锂电池继续占据主导地位，新型电池将占据部分市场份额

目前，磷酸铁锂电池生产工艺成熟、制造成本低廉，规模化生产效益较高，未来，磷酸铁锂电池仍将占据优势地位，预计 2026 年装机量可达 592.3GW·h。三元电池凭借其较高的能量密度也将持续引领中高端新能源汽车的发展，预计 2026 年装机量可达 211.5GW·h。同时，随着大圆柱电池、钠离子电池和半固态电池进入商业化进程新阶段，这些新型电池有望占据部分市场份额，2026 年装机量预计可达 42.3GW·h（见图 35-7）。

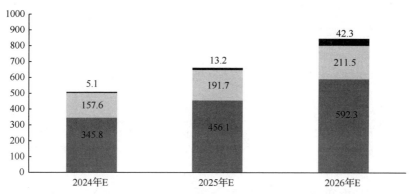

■磷酸铁锂电池（GW·h）　■三元电池装机量（GW·h）　■其他新型电池装机量（GW·h）

图 35-7　2024—2026 年中国动力电池市场产品结构装机量预测
（数据来源：赛迪顾问，2024 年 4 月）

（三）华东和中南地区市场规模仍然继续保持优势地位

2024—2026 年，动力电池市场结构的总体格局基本保持不变。依托于扎实的电子信息产业基础和完善的新能源汽车产业链，华东和中南地区仍然占领动力电池市场领先地位，到 2026 年，两地动力电池装机量占比分别达38.8%和44.7%（见图 35-8）。

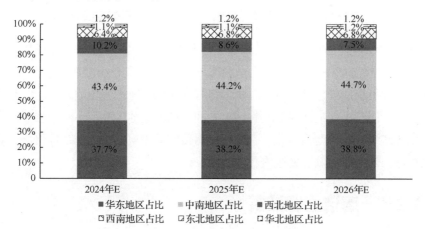

■华东地区占比　□中南地区占比　■西北地区占比
□西南地区占比　□东北地区占比　□华北地区占比

图 35-8　2024—2026 年中国动力电池市场结构预测
（数据来源：赛迪顾问，2024 年 4 月）

二、主要趋势

（一）碳酸锂价格企稳，助力动力电池市场健康发展

未来，在市场供需关系逐渐趋于平衡、动力电池制造商库存水平较低、车市回暖带动补库存需求等多种因素共同作用下，碳酸锂价格可能在合理的价格区间内波动，会对动力电池市场构成以下影响：一方面，碳酸锂价格企稳将减少动力电池市场的不确定性，有利于企业稳定经营，将更多人力和经费投入技术研发和创新；另一方面，动力电池制造商原材料采购成本将维持在合理水平，有利于企业改善盈利空间，从而助力动力电池市场健康发展。

（二）马太效应愈发明显，动力电池市场淘汰赛加剧

现阶段，中国动力电池市场较为成熟，已进入激烈竞争阶段，动力电池企业积极提高自身的技术水平和产品质量，以争取更多的市场份额。随着行业前列的动力电池企业技术优势、制造能力的不断提升，这些企业将占据更大的市场份额，马太效应将愈发明显。未来，一些规模较小、技术实力较弱、成本控制能力较差的企业可能会因为无法有效应对市场竞争而面临被淘汰的困境。

（三）固态电池产业化进程加速，市场竞争格局可能发生变化

相较于传统的液态电池，固态电池具有更高的能量密度和更好的安全性，可提升新能源汽车的整体性能表现。随着固态电池的大规模生产和应用，生产设备、制造工艺及材料供应链都将得到优化，这将带动动力电池产业链的升级。固态电池被认为是具有颠覆性的下一代电池产品。在此背景下，能够率先实现固态电池商业化的企业将抢占传统动力电池企业的市场份额，动力电池市场竞争格局将发生变化。

第四节　清洁能源装备

一、产业规模与结构预测

（一）2026 年产业规模有望突破 12000 亿元

2023 年，中国可再生能源装机量占全国发电装机量的比重首次过半，光伏装备、风电装备受各地方政策拉动，处于快速增长期；水电装备尤其是抽

水蓄能装备规模、质量持续提升；中国核电机组陆续开工建设，核能装备规模将迎来增长期。清洁能源装备市场发展潜力较大，预计到 2026 年，中国清洁能源装备产业规模预计将达到 12593.2 亿元（见图 35-9）。

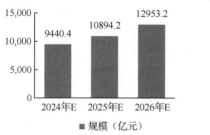 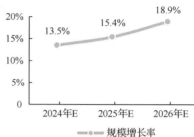

图 35-9　2024—2026 年中国清洁能源装备产业规模与其增长率预测

（数据来源：赛迪顾问，2024 年 5 月）

（二）光伏装备产业仍是中国清洁能源装备产业的主要组成部分

中国风、光资源丰富，且光伏装备、风能装备技术先进。短期内，光伏装备仍是清洁能源装备产业的主要组成部分，预计到 2026 年，中国光伏装备产业规模将达到 7330.0 亿元，风能装备产业规模达到 3366.0 亿元。随着氢能装备技术突破、产业化运用、规模化生产，氢能装备等其他清洁能源装备产业规模将有所提升，产业规模预计达到 449.6 亿元（见图 35-10）。

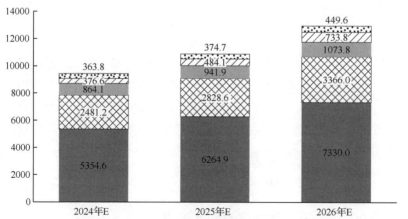

图 35-10　2024—2026 年中国清洁能源装备产业结构预测

（数据来源：赛迪顾问，2024 年 5 月）

二、主要趋势

（一）清洁能源装备企业将有序向中西部转移

中国清洁能源装备企业多分布在长三角、珠三角区域，2021 年在中央财经委员会第九次会议上首次提出构建新型电力系统，《新型电力系统发展蓝皮书》中提出 2030 年前要引导清洁能源产业由东部向中西部转移。中西部地区因其特有的风、光自然资源吸引清洁能源装备企业进行布局，同时，中西部地区土地资源较为丰富，人力、相关配套设施等生产要素成本相对较低，更加贴近市场端，这将进一步推动清洁能源装备产业向中西部转移。

（二）清洁能源装备将向一体化协作方向发展

光伏装备、风能装备等清洁能源装备发电依赖风、光等自然资源，具有不稳定性，当其在电力系统中占重要组成部分时，应考虑各种电力装备之间的一体化协作问题。清洁能源装备一体化协作发展可解决清洁能源就近消纳问题，提高清洁能源利用效率，是未来的发展趋势。光伏装备、风能装备发电时需同化学储能、物理储能等储能装备、氢能装备等其他清洁能源装备配合、补充运用，以确保新型电力系统的整体稳定性，新型能源供应系统要求清洁能源装备向一体化协作方向发展。

第五节　机器人

随着中国经济和社会的快速发展，一方面，人民对工作生活品质的要求不断提升，另一方面，人口增长放缓、人口结构老龄化的趋势日益明显。在此背景下，人形机器人大规模应用。近年来，人工智能技术取得重要进展，以 ChatGPT 为代表的人工智能大模型已具有实用价值，可以为机器人打造智慧"大脑"和"小脑"，大大加速了新一代机器人产品的开发进程。

一、产业规模与结构预测

（一）2025 年产业规模有望突破 4500 亿元

随着中国经济向好态势不断增强、社会预期持续改善，以及以人形机器人为代表的新型机器人产品快速涌现，国内对机器人的需求将稳步增长，再叠加中国机器人企业在全球市场进一步取得突破，中国机器人产业规模增速有望在 2024 年和 2025 年进一步增加，预计到 2026 年，中国机器人产业规模有望突破 5500 亿元（见图 35-11）。

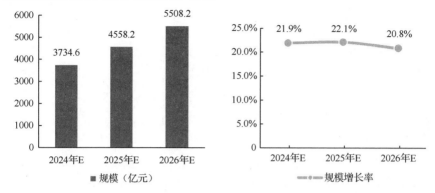

图 35-11　2024—2026 年中国机器人产业规模与其增长率预测
（数据来源：赛迪顾问，2024 年 2 月）

（二）柔性装备系统将是企业迎合定制化市场需求的首要手段

未来几年内，中国工业机器人将在国内进一步攻入原属于国际龙头企业的高端市场，并将在海外市场开拓方面取得更多成效，预计将推动产业规模保持较快增长。随着机器人产品成本的逐步降低、实用性的快速提升，以及与民生、特种等场景的结合不断深入，服务机器人和特种机器人的应用规模将进一步扩大。预计到 2026 年，中国工业机器人产业规模将突破 5500 亿元，服务机器人产业规模将突破 1300 亿元，特种机器人产业规模将接近 400 亿元（见图 35-12）。

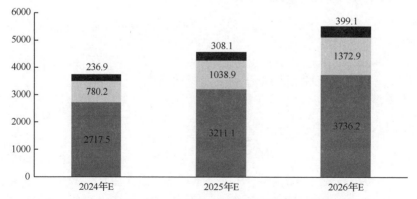

图 35-12　2024—2026 年中国机器人产业结构预测
（数据来源：赛迪顾问，2024 年 2 月）

二、主要趋势

（一）技术融合发展

2023 年机器人领域积极探索与人工智能、新材料、元宇宙、脑机接口等前沿技术的融合发展，大大提速了机器人"大脑、小脑、肢体"等一批关键技术的创新进程。例如，人工智能通用大模型技术的突破为机器人增强环境感知、行为控制和人机交互等能力提供了更加高效、实用的技术路径，从而有力提升了机器人功能的想象空间，改变了公众对于机器人"华而不实"的认知，转而赋予了机器人更多的应用设想和期待，同时该趋势也缩短了创新型、颠覆性机器人产品的开发时间，将其由遥远的未来想象转变为短期内即可开启量产和示范应用的实际期待，并由此吸引了更多资源要素投入产业发展。

（二）人形机器人开发提速

有别于过往学术界出于追求极致性能步步为营打造试验样机的思路，2022 年左右由产业界带来的产业化思维开始主导人形机器人产品开发，其特征为在设计之初就将控制成本作为优先目标之一，并优先在短时间内打造出一款"基本及格"的初代样机再逐步迭代优化。在此模式下，人形机器人初创企业积极整合产业链资源，快速推出整机产品，跨界入局的科技巨头则充分利用企业原有基础，降低研发和生产成本。2023 年，有一批企业集中发布人形机器人产品及计划，并进一步吸引资金、人才等资源要素进入机器人产业。

（三）大负载工业机器人产品成为行业焦点

近年来 3C 电子行业走弱，新能源汽车、锂电池、光伏等领域成为工业机器人销售的主要增量市场。与 3C 电子行业相比，上述领域工件具有尺寸大、重量沉的特点，由此带动了大负载工业机器人的需求快速提升，而更加适用于小负载场景的 SCARA 机器人销量显著下滑。在此背景下，一批中国多关节机器人企业积极开发有效负载 100kg 以上的机器人产品，协作机器人企业则积极开发有效负载 20kg 以上的产品，并在市场竞争中尽力追赶传统上占据优势的国际龙头企业。

第六节　电子信息制造业

2024年，中国电子信息制造业的产业动能将逐渐恢复，国内市场将逐渐形成新的增长点，中国电子信息制造业企业的国际影响力不断增强，预计未来中国电子信息制造业复苏态势将延续。

一、产业规模与结构预测

（一）预计未来3年产业规模复合增长率保持在5%左右

预计未来3年，中国电子信息制造业发展将持续稳定向好，微型计算机、手机等传统电子消费产品的国内需求相对稳定，出口业务逐步恢复，国产芯片渗透率将进一步提升。同时，智能硬件产品和汽车电子产品有望不断创新和升级，逐渐形成新的市场增长点。预计2026年中国电子信息制造业产业规模将达到17.6万亿元，未来3年复合增长率预计为5.2%（见图35-13）。

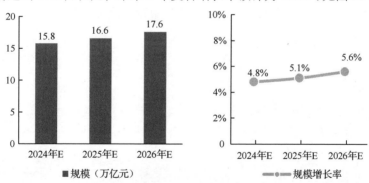

图35-13　2024—2026年中国电子信息制造业产业规模与其增长率预测
（数据来源：赛迪顾问，2024年2月）

（二）中南、华东地区依然领跑全国

预计未来3年中国电子信息制造业区域格局将保持相对稳定，中南和华东地区依然是中国电子信息制造业的中流砥柱，预计以上两地区在未来3年的电子信息制造业规模增速将超过全国平均水平，新增产能将主要分布在广东、江苏、安徽、上海等省（市），产业聚集效应仍将持续，到2026年中南和华东地区电子信息制造业规模预计将分别达到7.1万亿元和6.3万亿元（见图35-14）。

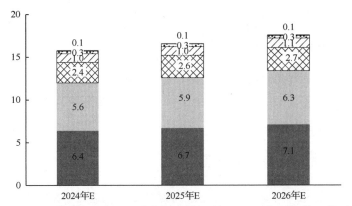

图 35-14　2024—2026 年中国电子信息制造业区域结构预测
（数据来源：赛迪顾问，2024 年 2 月）

二、主要趋势

（一）电子信息产品不断向高端化、智能化发展

科技创新不断改变着人类的生产和生活方式，人们日常使用的手机、电子手表、家居电器等也随着新技术的应用变得更加智能和便捷。目前，人脸识别、语音助手等功能已经成为越来越多电子产品的标准配置，给用户带来更加便捷、个性化的服务体验。2023 年，大模型、生成式 AI 等技术快速崛起，机器系统具有从感知智能向认知智能迈进的可能，电子信息产品的智能化属性将进一步增强，终端 AI 的商业化落地将成为长期趋势。诸多电子信息企业敏锐捕捉到新机遇，开始在 AI 领域强化投入。例如，联想、惠普等电脑厂商纷纷宣布要推出 AI 产品，华为、小米等厂商也在新款手机中搭载了性能更强的 AI 芯片，电子信息产品向着高端智能化方向加速发展。

（二）国产计算生态将不断完善

近年来，中国企业在芯片设计、制造、封装等多个领域的关键环节不断突破和创新，部分国产芯片在特定性能上已经可以达到英特尔、AMD 等国际大型厂商主流产品的同等水平。随着"东数西算"工程全面启动，北京、上海、四川等省（市）纷纷出台算力相关政策，拓展国产芯片应用，支持国产计算生态发展，截至 2023 年，中国算力网络规模已经位居全球第二，国产服务器渗透率实现逐年提升，尤其是人工智能领域的云端和终端算力供给采用国产硬件的比重不断提高。同时，国产计算的完整性和自主性不断提升，计算标准和评测体系加速完善，《国家汽车芯片标准体系建设指南》等标准的印发促进了中国计算生态规范化发展。

（三）卫星通信成为智能手机新趋势

目前全球 4G/5G 网络覆盖率仅为 20%左右，海洋、沙漠、森林等大面积区域一直是基站信号覆盖范围外的"信息荒原"。2023 年，华为发布的新款手机搭载卫星通信技术，该手机可以利用人造卫星作为中继站，实现在地球任意地点发短信和打电话。手机直接连接卫星业务成为全球通信领域的热点，VIVO、OPPO、荣耀、小米等手机厂商均开始加快卫星通信技术的研发和测试。2024 年 1 月，工业和信息化部等七部门联合印发《关于推动未来产业创新发展的实施意见》，其中明确提出"前瞻布局 6G、卫星互联网、手机直连卫星等关键技术研究"，该政策将进一步推动卫星通信在消费级市场的商业化应用，预计未来卫星通信有望成为高端旗舰手机的标配。

第七节 医药健康

一、产业规模与结构预测

（一）2026 年产业规模有望突破 5 万亿元

随着医药研发创新成果的加速兑现及医药生产的智能化、绿色化水平持续提升，中国医药健康产业规模将保持稳定增长态势。预计到 2026 年，中国医药健康产业规模将突破 5 万亿元，预计规模增速大于 9%（见图 35-15）。

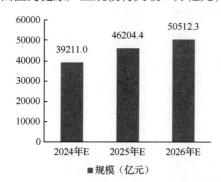
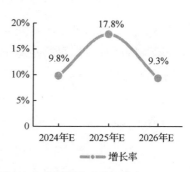

图 35-15 2024—2026 年中国医药健康产业规模与增长预测

（数据来源：赛迪顾问，2024 年 2 月）

（二）医疗设备和生物药的产业规模占比将有显著提升

近年来，随着医疗改革的深入及医疗机构设备购置和更新改造的鼓励性政策的实施，各级医院迎来医疗设备更新潮，医疗设备更新加速，带动医疗设备产业规模显著提升，预计 2024 年至 2026 年，预计医疗设备产业占医药健康产业规模的比重将由 20.0%增长至 22.7%，占比与化学药相当。此外，得益于生命科学与生物技术的快速发展，生物药产品获批提速，生物药产业规模占比将稳步提高，预计由 2024 年的 12.3%增长至 2026 年的 12.9%。

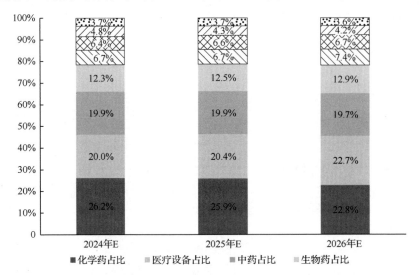

图 35-16　2024—2026 年中国医药健康产业结构预测

（数据来源：赛迪顾问，2024 年 2 月）

（三）中南地区的产业规模占比提升较快

华东地区产业资源集聚优势突出，高校院所和企业的研发创新能力强、创新人才资源丰富、产业链供应链畅通且较为完善，产业规模仍将稳居首位，且短期内不会发生改变。中南地区资源引力较强，医药健康产业政策、人才政策支持力度较大，产业规模增长较快，产业规模在全国的占比预计将在 2026 年达到 25.6%，占比提升较快。

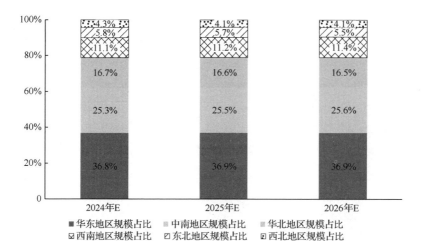

图 35-17　2024—2026 年中国医药健康产业区域结构预测
（数据来源：赛迪顾问，2024 年 2 月）

二、主要趋势

（一）新技术与产业融合持续深入

一方面，药品领域，AI 技术辅助研究开发人员开展疾病靶点预测、靶点筛选、预测药物活性及毒性等。随着模型的不断完善，AI 辅助药物研发将成为新药研发的变革性工具，这会加速精准医疗的实现。器械领域，人工智能医学影像、手术机器人、智能健康监测等医疗器械应用愈发广泛，推动产业智能化、高端化升级。因此，AI 技术与产业相融合是医药健康产业发展的重要趋势。另一方面，2023 年，全球首例人类脑机接口试验成功开展，在 AI 算法的加持下，脑机接口技术为脑科学研究和脑疾病治疗带来新的曙光，技术创新将推动产业创新。

（二）创新药出海热度持续提升

近年来，中国创新药产业已步入发展快车道，创新药出海热度持续提升。2023 年，国产创新药发生 60 余起 License out 交易，已披露交易总金额超 350 亿美元，交易数量和交易金额均创历史新高。其中，百利天恒与百时美施贵宝就 HER3/EGFR 双抗 ADC 产品的开发和商业化达成授权协议，潜在总交易额达 84 亿美元，刷新全球 ADC 产品交易总价最高纪录，此产品也是首款成功出海的双抗 ADC 新药。未来，随着中国医药企业原始创新能力的提升及高水平开放的持续推进，国产创新药将加速走向国际市场。

（三）产品研发更面向临床需求

中国医药健康产业进入高质量发展阶段，临床驱动型创新是必然趋势。政策导向方面，《中华人民共和国药品管理法》《药品注册管理办法》等政策法规均提出药物创新应以临床价值为导向，鼓励临床驱动型创新；企业实践方面，部分创新医疗器械企业逐渐加强与医院、临床医学中心等临床机构建立紧密联系，就产品的开发和改进调试开展合作，共同推动产品的临床应用。未来，更多面向临床需求开发的产品将获得广泛应用。

第八节　新材料

一、产业规模与结构预测

（一）中国加快发展新质生产力，新材料产业规模将稳步增长

随着中国大力推进现代化产业体系建设，加快发展新质生产力，新材料产业作为发展新质生产力的重要支撑，将迎来巨大的发展空间，产业规模将稳步增长；同时，各地也将积极培育和发展新材料产业，新材料产业竞争力将得到全面提升，预计到 2026 年，中国新材料产业规模有望突破 13 万亿元（见图 35-18）。

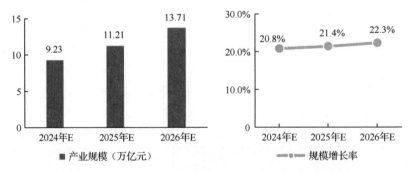

图 35-18　2024—2026 年中国新材料产业规模与增长预测
（数据来源：赛迪顾问，2024 年 2 月）

（二）产业规模不断壮大，关键战略材料比重持续增加

随着中国原材料工业的高端化绿色化发展，将有效促进先进基础材料产量的稳步增长，由于节能与新能源、新一代信息技术等战略性新兴产业创新发展需要，关键战略材料产业化能力进一步增强，产业比重也将持续增加，

同时由于各地政府对未来产业的布局需要，前沿材料将迎来新的发展机遇，产业增速较快（见图 35-19）。

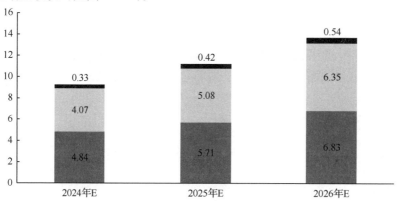

图 35-19　2024—2026 年中国新材料产业结构预测

（数据来源：赛迪顾问，2024 年 2 月）

（三）华东地区将占据主要份额，西南和东北地区潜力较大

华东地区凭借产业资源集聚、产业配套齐全等优势，产业规模占全国比重将持续领先；中南地区凭借产业完整、市场应用活跃及矿产资源较为丰富等优势，将保持较快增长；东北及西南地区凭借老工业基地的基础及较强的科技支撑，具有较大的发展潜力（见图 35-20）。

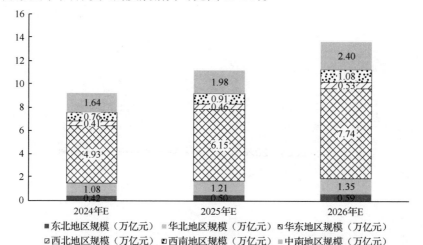

图 35-20　2024—2026 年中国新材料产业区域结构预测

（数据来源：赛迪顾问，2024 年 2 月）

二、主要趋势

（一）新型工业化加速推进，新材料产业将迎来新机遇

随着我国加速推进新型工业化，传统产业加速转型升级、培育壮大战略性新兴产业、加快布局未来产业，对新材料的战略需求更加突出，国家出台多项政策促进新材料产业的高质量发展，为推进新型工业化提供有力保障，新材料产业将迎来前所未有的机遇。

（二）加快培育新质生产力，人工智能赋能作用将更强

大数据、人工智能、量子计算等新技术加快发展，与新材料产业技术的融合将不断深入，有望加快培育形成新质生产力。人工智能将引领新材料产业的变革和创新，深度学习、生成式大模型等先进人工智能技术的快速发展，不仅将极大地推动新材料的创新，也将大幅缩短新材料的研制时间，人工智能与新材料的结合将逐步进入大规模商业化阶段。

（三）更好支撑高质量发展，绿色安全发展将更加紧迫

制造业高质量发展对于新材料产业发展提出更高要求，面临绿色低碳发展、市场竞争和成本压力的挑战，新材料产业的绿色低碳安全发展将更加紧迫，产业在技术研发创新、关键材料保障、绿色低碳转型、标准国际化、供应链管理等方面的任务更加艰巨。

后　记

《2023—2024 年中国先进制造业发展蓝皮书》共 7 篇 35 章,是在全球科技与产业竞争、大国博弈更趋激烈,我国大力发展新质生产力,推进新型工业化与产业体系优化升级,推进制造业高端化、智能化、绿色化发展背景下,面向先进制造业及相关产业发展情况的一本专著。本书展现了编写组对先进制造业的理解,对重点行业的洞察,对重点区域的分析以及对代表企业的点评,为社会各界人士更好地理解先进制造业及相关产业提供参考。

本书由乔标担任主编,付长文担任副主编,具体章节由张凌燕、高超、郝璐璐、刘晓昌、郭海龙、张业佳、姚垠国、宋爽、周新越、王家曦、杨岭、贾珊珊、杜欣泽、宁玉强、赵妍、赵振越、顾佳慧等编著。综合篇及展望篇由张凌燕、郝璐璐编著;行业篇及展望篇由张凌燕、高超、郝璐璐、张业佳、宋爽、王家曦、赵妍、顾佳慧等共同编著;其中,第三章由王家曦编著,第四章由张业佳编著,第五章由宋爽编著,第六章由郝璐璐编著,第七章由高超编著,第八章由贾珊珊、杜欣泽编著,第九章由赵妍编著,第十章由赵振越、顾佳慧编著;区域篇由郝璐璐、刘晓昌、郭海龙、周新越、王家曦共同编著;园区篇由刘晓昌、郝璐璐、郭海龙共同编著;企业篇由姚垠国、赵妍、顾佳慧、杜欣泽、高超共同编著;政策篇由郝璐璐、高超共同编著。高超、郝璐璐、刘晓昌对全书进行了统稿,张凌燕对全书进行了校审及完善。

本书遵循理论与实践紧密结合的原则,以数据和事实为唯一基准,运用探索性研究、描述性研究、数量分析与系统总体归纳相结合的科学研究方法,对先进制造业的发展及应用进行了深入分析,对未来发展趋势进行了客观预测,最终提出了具有建设性的结论和建议。

中国电子信息产业发展研究院

赛迪智库

面向政府·服务决策

奋力建设国家高端智库

**思想型智库　国家级平台　全科型团队
创新型机制　国际化品牌**

《赛迪专报》《赛迪要报》《赛迪深度研究》《美国产业动态》《赛迪前瞻》

《赛迪译丛》《国际智库热点追踪周报》《工信舆情周报》《国际智库报告》

《新型工业化研究》《工业经济研究》《产业政策与法规研究》《工业和信息化研究》

《先进制造业研究》《科技与标准研究》《工信知识产权研究》《全球双碳动态分析》

《中小企业研究》《安全产业研究》《材料工业研究》《消费品工业研究》《电子信息研究》

《集成电路研究》《信息化与软件产业研究》《网络安全研究》《未来产业研究》

思想，还是思想，才使我们与众不同
研究，还是研究，才使我们见微知著

新型工业化研究所（工业和信息化部新型工业化研究中心）

政策法规研究所（工业和信息化法律服务中心）

规划研究所

产业政策研究所（先进制造业研究中心）

科技与标准研究所

知识产权研究所

工业经济研究所（工业和信息化经济运行研究中心）

中小企业研究所

节能与环保研究所（工业和信息化碳达峰碳中和研究中心）

安全产业研究所

材料工业研究所

消费品工业研究所

军民融合研究所

电子信息研究所

集成电路研究所

信息化与软件产业研究所

网络安全研究所

无线电管理研究所（未来产业研究中心）

世界工业研究所（国际合作研究中心）

通讯地址：北京市海淀区万寿路27号院8号楼1201　邮政编码：100846

联系人：王　乐　　　　联系电话：010-68200552　13701083941

传　真：010-68209616　　电子邮件：wangle@ccidgroup.com